デザコン2018 北海道

Design Competition for KOSEN Students
official book

第15回全国高等専門学校
デザインコンペティション
北海道大会

デザコン2018 in 北海道

一般社団法人全国高等専門学校連合会　編
建築資料研究社／日建学院

CONTENTS

デザコン2018 北海道　official book
第15回全国高等専門学校デザインコンペティション　北海道大会
デザコン2018 in 北海道

| 004 | 大会趣旨
いずれの道にも適切な修行過程がある──守破離
（文：小林 幸夫） |

006　空間デザイン部門

- 課題テーマ　発酵する空間、熟成する空間
- 008　受賞作品
  - 最優秀賞（日本建築家協会会長賞）
    - ⑭ 米子高専『集落まるごと町役場』
  - 優秀賞
    - ㊽ 石川高専『他所の市　此処の市』
    - ㊻ 小山高専『ヤマサ──煙突の煙が幸せのかけらを報せる』
  - 審査員特別賞
    - ㊼ 熊本高専（八代）『これからも、宮地んこどもの百貨店』
    - ⑫ 舞鶴高専『眺める味わう感じる。わたしたちはこれからもカバタと生きる。』
- 014　本選7作品
- **本選**
- 021　本選審査総評
歴史風土の分析から新たなデザインを（文：鰺坂 徹）
- 023　本選審査経過
- 029　開催概要
- **予選**
- 030　予選審査総評
発酵する空間、熟成する空間（文：鰺坂 徹）
予選審査経過／開催概要（予選）
- 032　予選通過作品講評
本選に向けたブラッシュアップの要望
（文：鰺坂 徹、小野寺 一彦、石井 孝行）
- 034　予選139作品
- 046　審査員紹介

048　構造デザイン部門

- 課題テーマ　より美しく、より強く
- 050　受賞作品
  - 最優秀賞（国土交通大臣賞）
    - ㊹ 米子高専『麗瓏』
  - 優秀賞
    - ㊷ 呉高専『思伝一線』
  - 優秀賞（日本建設業連合会会長賞）
    - ㊸ 米子高専『流々──ruru』
  - 審査員特別賞
    - ㊽ 徳山高専『国士夢想』
    - ⑳ 鹿児島高専『チェストｰ橋』
  - 日刊建設工業新聞社賞
    - ㉛ 仙台高専（名取）『橋らしい橋を目指して』
- **本選**
- 056　本選審査総評
国際性と活気に満ちた大会（文：中澤 祥二）
- 058　総合順位
- 059　本選審査経過
- 066　構造デザイン部門応募要項と競技内容（要約）
- 068　開催概要
- 069　本選52作品
- 082　審査員紹介

084　創造デザイン部門

- 課題テーマ　地方発進！　「脱・横並び」
- 086　受賞作品
  - 最優秀賞（文部科学大臣賞）
    - ⑪ 明石高専『杉板を焼いて黒くする！　ビジネス──但馬・丹後の日本海沿岸の建物に活用するために』

	優秀賞
	⑫秋田高専『堀を語ろう
	──秋田市佐竹小路のクリエーターによるまちづくり』
	㉟舞鶴高専『舞鶴行動』
	審査員特別賞
	④都城高専『みんなでつくる集いの蔵
	──宮崎県都城市庄内町・社会実装プロジェクト』
	㉖岐阜高専『福祉×農園──園児と高齢者の楽しい農業』
	総合資格賞
	㉘石川高専『下宿から始まり駅に向かう
	──六の段階で津幡町が変わるまで』
092	本選5作品
	本選
095	本選審査総評
	アイディア、現場の関係など4つの視点で評価（文：田村 亨）
	高専らしい着眼点で地域と向き合う（文：金子 ゆかり）
	多彩な視点での議論（文：竹内 正信）
097	本選審査経過
102	開催概要
	予選
103	募集に際しての審査員からのメッセージ
104	予選審査総評
	地方発進！「脱・横並び」（文：田村 亨）
	予選審査経過／開催概要（予選）
106	予選通過作品講評
	本選に向けたブラッシュアップの要望（文：田村 亨、金子 ゆかり、竹内 正信）
108	予選24作品
110	審査員紹介

112　AM（Additive Manufacturing）デザイン部門

	課題テーマ　スポーツ支援アイテム開発
114	受賞作品
	最優秀賞（経済産業大臣賞）
	⑭津山高専『Tリーグファン養成ギプス』
	優秀賞
	⑤福井高専[C]『サウンドディスク──ディスク周りの流れる空気をキャッチ』
	⑥仙台高専(名取)[A]『変幻自在！　みんなが「ハニカム」サポーター』
	審査員特別賞
	⑪弓削商船高専『ダーツ競技のための3Dプリントシステム』
	⑱茨城高専『円盤投射機』
119	本選4作品
	本選
121	本選審査総評
	新たな価値創出のプレーヤー（文：新野 俊樹）
	斬新な発想が未来を変える（文：川道 昌樹）
	3Dプリンタならではのアイデア多数（文：松田 均）
123	本選審査経過
127	開催概要
	予選
128	予選審査総評──本選参加者に期待すること
	カスタマイズで価値を上げる（文：新野 俊樹）
	実現化に向けて（文：川道 昌樹）
	AM技術を使う意義（文：松田 均）
	予選審査経過／開催概要（予選）
130	予選通過作品講評
	本選に向けたブラッシュアップの要望（文：新野 俊樹）
132	予選16作品
134	審査員紹介

137　プレデザコン部門

	課題テーマ　気になる「もの」
138	受賞作品
	最優秀賞（科学技術振興機構〈JST〉理事長賞）、一般投票優秀賞
	空間-03 明石高専『BOOK AND BED TOKYO「泊まれる本屋®」』（空間デザイン・フィールド）
	優秀賞（科学技術振興機構〈JST〉理事長賞）
	空間-08 長野高専『自然に呼応する図書館』（空間デザイン・フィールド）
	創造-07 サレジオ高専『Modern.TOKYO』（創造デザイン・フィールド）
	AM-01 サレジオ高専『Human──運搬用ドローンとケアロボット』（AMデザイン・フィールド）
	本選
141	本選審査経過／総評
142	本選17作品
144	開催概要

145　付篇

146	開会式／学生交流会／情報交換会／表彰式・閉会式
148	会場と大会スケジュール
149	応募状況
150	過去の受賞作品（2004-2017）
154	デザコンとは？／大会後記

註
* 本書に記載している「高専」は、工業高等専門学校および高等専門学校の略称
* 高専名は、「高専名（キャンパス名）［チーム名］」で表示。チーム名［A］［B］［C］は、同一高専から参加した複数のチームを区分するためランダムに付けられたもの
* 応募作品名は原則としてエントリーシートの記載の通り。一部、提出したプレゼンテーションポスターなどに合わせて修正。作品名が予選と本選のプレゼンテーションポスターで違う場合は、本選のプレゼンテーションポスターに合わせて修正
* 作品番号は、原則としてエントリー時の番号に統一
* 作品紹介欄の参加学生の氏名は、エントリーシートの記載をもとに、同じ学科や専攻科、学年ごとにまとめて、高学年から順に記載。氏名の前にある◎印は学生代表
* 外国人名は、カタカナ表記の場合は原則として（姓）・（名）で表示。姓を持たない場合は名前のみ表示。アルファベット表記の場合は、本人の申告通りに記載
* 所属、学年の記載は、大会開催時（2018年11月）のもの
* 2〜3ページの㊾、㊿、プレデザコン部門の デザインフィールド名-00 は作品番号。「空間」は「空間デザイン・フィールド」、「構造」は「構造デザイン・フィールド」、「AM」は「AMデザイン・フィールド」を示す

大会趣旨

いずれの道にも適切な修行過程がある ── 守破離(しゅはり)

小林 幸夫（第15回全国高等専門学校デザインコンペティション実行委員会委員長、
全国高等専門学校デザインコンペティション2018 in 北海道開催地委員会委員長、釧路工業高等専門学校長）

「守破離」で競ったデザコン

　一般社団法人全国高等専門学校連合会主催「第15回全国高等専門学校デザインコンペティション　デザコン2018 in 北海道」を、函館高専、苫小牧高専、旭川高専との連携の下、釧路高専が主管校として開催した。ここ釧路で開催されたのは、第8回の2011年に続き2回めとなる。

　応募期間中の2018年9月6日に北海道胆振東部地震が発生し、道内各地に多大な被害が発生するとともに、ブラックアウトをはじめその影響は長期間に及んだ。この影響は募集期間や予選審査日程にも及び、応募者をはじめ関係各者を心配させる事態となった。しかし、この大災害を乗り越え、無事に大会を開催することができたのは関係者の尽力の賜であり、ここに改めて感謝を申し上げる次第である。

　今回のデザコンの大会メインテーマは「守破離(しゅはり)」であった。「守破離」は、剣道や茶道などで用いられる言葉で、その道の修行における順序段階を教えているものである。たとえば、剣道では、「守」は、教えを守り私意を差し挟むことなく、ひたすら基本を身につける段階のこと。「破」は、「守」の殻を破り躍進する時代のことで、今までの教えを基礎とし、中核として自己の知能や個性を発揮しながら、次第に自己の剣道を創造する時代のことである。「離」は、孔子の「七十にして矩(のり)を超えず」の境地であり、あらゆる修行の結果、自らの思いのままに行動しても、いささかも規矩にはずれることのない段階であり、1つの形や流儀流派にとらわれることなく、自由闊達に自己の剣風を発揮できる時代、とされている。

　参加した学生たちは、剣道をデザインに置き換えて日夜励んできたことと思う。おそらく今まで学んだ知識や技術を「守」とすれば、「破」の段階を模索したのではないだろうか。自らが考えたデザインを、この大会で余すところなく披露し、より高い場所「離」を目指して健闘したことをうれしく思う。

空間デザイン部門
── 醗酵する空間、熟成する空間

　空間デザイン部門の課題テーマは「醗酵する空間、熟成する空間」だった。いわゆる大量消費としての空間ではなく、子孫に残したい空間の提案を求めた。全国から151作品の応募があり、本選に通過したのは12作品9高専。いずれの作品も、課題テーマに沿ってよく考えられ、本選に参加した学生たちが審査員の厳しい質問に真摯に回答している様子に感心させられた。いずれの本選作品も大変すばらしく、甲乙を付けなければならない審査員の苦労が忍ばれた。

構造デザイン部門
── より美しく、より強く

　構造デザイン部門の課題テーマは、「より美しく、より強く」。2015年の和歌山大会以来、それまでの木材に代わり銅を素材として、丈夫で美しい構造の橋のデザインで競ってきた。今回は、製作物の質量を1.5kg以下と制限し、固定荷重（集中荷重）と移動

＊文中では、高等専門学校および工業高等専門学校を高専と省略

荷重に耐える橋の製作を求めた。

　今年の応募作品数は58、参加学校数は35で、海外のモンゴル高専と新モンゴル高専からも応募があった。軽量化しすぎて固定荷重の載荷に耐えきれず壊れる作品や、移動荷重の載荷中に壊れてしまうものがあり、見ていてハラハラ、ドキドキであった。

　次回大会から素材が銅から紙になる。さらなるデザイン力、構造力が試されることになるだろう。

創造デザイン部門
── 地方発進！「脱・横並び」

　創造デザイン部門の課題テーマは、「地方発進！『脱・横並び』」であった。地域再生が言われて久しい中、「地方都市の横並び」から脱出し、地域間競争に勝利するためのビジネスモデルが提案された。全国から35作品の応募があり、本選に通過したのは11作品7高専。いずれの作品もよく考えられており、すぐにでも実現可能と考えられるものもあった。これも審査員は評価に苦しんだこととと思う。

AMデザイン部門
── スポーツ支援アイテム開発

　AMデザイン部門の課題テーマは、「スポーツ支援アイテム開発」だった。2020年の東京でのオリンピック・パラリンピック開催をにらみ、競技スポーツだけでなく、生涯スポーツも含めた各種スポーツを支援する新たなアイテムを、3Dプリンタで開発することを求めた。

　全国から25作品の応募があり、本選に通過したのは9作品8高専。他部門同様、どの作品もユニークな発想に満ち、実用可能と考えられるものも多数あった。

プレデザコン部門
── 気になる「もの」

　プレデザコン部門の課題テーマは、昨年に引き続き「気になる『もの』」。高専3年生以下の学生限定のデザイン・コンペティションで、既成概念にとらわれない自由な発想による幅広いデザインを求めた。全国の8高専から21作品の応募があった。若さあふれる自由な発想をもとにした作品が多く、今後のデザコンを背負う人材が多数いることを実感できた。

「守破離」を今後の勉学にも

　いずれの部門も、学生たちは真剣にそして真摯に課題に取り組み、自分の持てる力を出し切ったことと思う。このデザコンを通じて、参加した学生たちが大会メインテーマである「守破離」の趣旨をさらに深く理解し、今後の勉学につなげられることを期待している。

　最後に、このオフィシャルブックは、単なる記録集というだけではなく、高専から社会に向けた情報発信のツールという側面もある。本書を通じて、デザコンのさらなる発展を期待している。

空間 デザイン部門

課題テーマ

発酵する空間、熟成する空間

　日本の食文化の特徴である、味噌や醤油に代表される発酵技術。この「発酵」を建築空間に当てはめれば、全国の農山漁村や歴史的地域に数多く残る、人々が手入れし使い込んできた生活空間こそ「発酵した空間」と言えるのではないか。

　子孫に残したい、時を経て味わいの出る空間デザインと、人々が使い込むことによってこの空間が熟成していく仕掛けを考えてほしい。

　大会テーマ「守破離(しゅはり)」を意識し、長く使われ愛される空間の提案を期待する。

		タイムライン
☐ 予選応募作品	151	**予選**
		2018.09.03-09.06 予選応募
		2018.09.27 予選審査
☐ 本選参加作品	12	**本選**
		2018.11.10 プレゼンテーション
		2018.11.11 ポスターセッション
		公開審査
☐ 受賞作品	5	

最優秀賞（日本建築家協会会長賞）
　(141) 米子高専『集落まるごと町役場』
優秀賞
　(061) 石川高専『他所の市　此処の市』
　(066) 小山高専『ヤマサ
　　　　――煙突の煙が幸せのかけらを報せる』
審査員特別賞
　(074) 熊本高専（八代）『これからも、宮地んこどもの百貨店』
　(125) 舞鶴高専『眺める味わう感じる。わたしたちはこれからも
　　　　カバタと生きる。』

最優秀賞
日本建築家協会会長賞

(141) 米子高専

集落まるごと町役場

可知 昂暉、◎田川 桜、谷口 京、渡部 巴菜［建築学専攻専攻科1年］
担当教員：小椋 弘佳［建築学科］

審査講評

▶鳥取県大山町御来屋（みくりや）、日本海に面した漁村集落の大山町役場の提案である。蛇行した海岸線に並行する江戸期の伯耆（ほうき）街道。この街道沿いの空き家に、大山町役場の各課を分散配置し活用する。

この計画が実現できれば、空き家を活用でき、街道筋を歩く人のにぎわいと町役場が街に戻り、役場の各課が「見える化」する、という一石三鳥の効果が見て取れる。

また、提案内容には、地に足が着いた繊細な一面もあり、空き家を使用した役場各課の平面計画が具体的に模型でも提案さ

れ、海への視線や軸線まで意図されていた。
その土地を綿密に調査分析し、点在した役場機能とともにアイディアが熟成し、新たなデザインとして創造されている。これらの点を高く評価し、最優秀賞となった。最後まで手を抜かず透視図を実際の街道幅に修正するという努力もすばらしかった。

各審査員から、この案がもし実現されれば、日本を地方から変えられるのではないかとの声が上がっている。この案が地元で実施され、地域のコミュケーションが活性化し、街がよみがえる姿を見たいものである。

（鯵坂 徹）

(000)：数字は作品番号（本書8〜27、32〜45ページ）

＊本書8〜20、32〜45ページの氏名の前にある◎印は学生代表

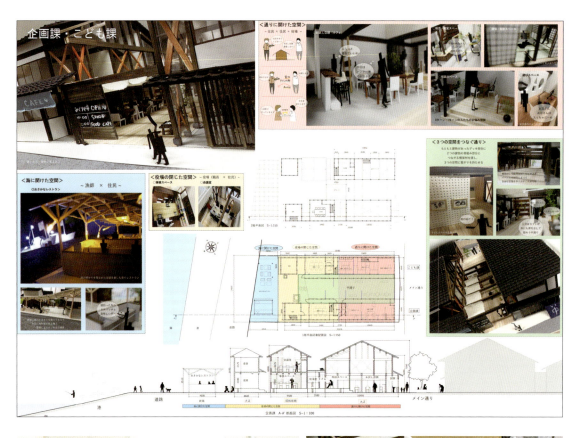

061 石川高専

優秀賞
他所の市　此処の市

◎宮西 夏里武（5年）、奥野 弥櫻、米林 凌（4年）[建築学科]
担当教員：道地 慶子 [建築学科]

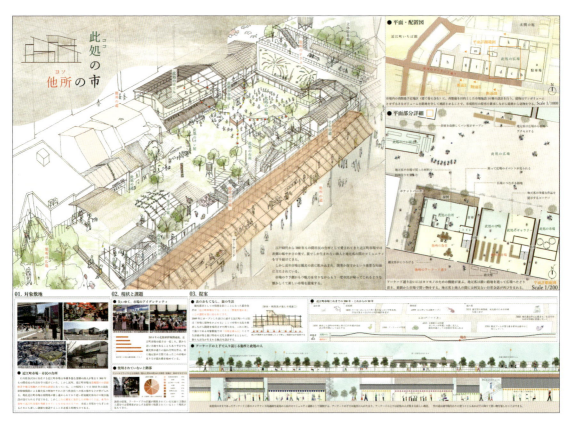

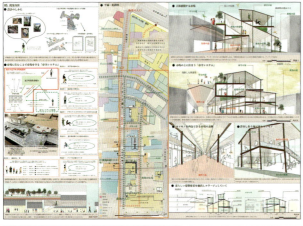

審査講評

▶金沢市の近江町市場（ココ）のアーケードを中心に展開される、地元民（ココノヒト）と来訪者（ヨソノヒト）とのコミュニティ空間の賑わいは、模型のプレゼンテーションにより、非常に明確なものとなった。
地上レベルの水平動線に加え、アーケード屋根の点検通路を「そらの道」と位置づけたことで、立体的な動線計画が生まれ、地元民と来訪者とが上手に入り交じっている。また、市場の裏側に魅力を持たせるために適度な余白（空地）を計画し、賑わいを創出する広場を配置したことも高く評価できる。
ただし、市場の裏側を閉鎖的な空間にせずに、アーケード以外の周囲の通りからチラッと見えるような隙間や抜けがあったほうが、ワクワクする空間が広がっている市場裏側の魅力が周辺の商店街へ溢れ出す装置として、より意義あるものとなり得ると考える。
多数のスケッチによる「残したい風景」をモデル化し、市場にコラージュするという設計手法も秀逸で、ポスターセッションではそのプロセスが十分に見て取れた。ココを利用する人たちのストーリーまで明確にビジョン化した力作である。

（石井 孝行）

優秀賞

(066) 小山高専

ヤマサ — 煙突の煙が幸せのかけらを報せる

◎鈴木 理紗（5年）、小島 敬也（4年）、坂巻 蓮*1、小森谷 実優（3年）[建築学科]
担当教員：永峰 麻衣子 [建築学科]

註 *1：本選は不参加

審査講評

▶栃木市、旧・日光例幣使（にっこうれいへいし）街道沿いの伝統的建造物群保存地区、喜右衛門町。そのランドマークとして地域住民に親しみのある産業遺産、旧・味噌工場を使って宿場町の復活をめざす多様なアイディアに満ちた計画がわかりやすく、おもしろい。

この場所の持つ力を感じ取り、地域の特性を読み取り、単なる産業遺産としての建築物の利活用に留まらず、昔のボイラー釜を陶芸窯とし、そこで発生するエネルギーを「かえもん食堂の調理」や「屋上露天風呂の湯沸かし」のための熱源として利用するなど、「使い切り活かす」ための工夫が提案の随所に見られる。また、長期にわたりこの建物（地区）と関わり続けている学生の活動は評価に値する。

一方、敷地内に点在する建築群の構造的特徴を生かした改修計画をはじめ、「まれびと」（外部からの訪問者）と地域住民との交流場としての施設を定義するのもよいが、開設する施設の用途の偏りの調整や地域住民にとっての「幸せのかけらを報せる煙突の煙のはかせ方」など今後の進め方に課題を感じる。

とは言え、振興が楽しみな提案である。

（小野寺 一彦）

審査員特別賞

(074) 熊本高専（八代）

これからも、宮地んこどもの百貨店

◎江里口 はるか、満丸 瑞杏、辻本 大雅（5年）、寺本 花音（4年）［建築社会デザイン工学科］
担当教員：森山 学［建築社会デザイン工学科］

空間デザイン

審査講評

▶熊本県の宮地地域にある既存の小さな商店だけにスポットを当てた提案である。本選作品の中でも、ここまで提案対象を絞ったものは少ない。完成度の高い模型や、商店の中で展開されるストーリー、味わい深いスケッチによって、非常にリアリティの高い作品に仕上がっており、審査員の評価は予選時より高まった。

また、近くを流れる水無川にある「しゅうじ」と呼ばれる淵で遊ぶ子供たちと商店とをつなぐ「らくがき路地」の提案は、ほどよいスケールで、全体に一体感を生み出している。「かつての百貨店、これからも百貨店」のフレーズが印象に残る力作であった。一方で、ここまで限定した提案であるがゆえに、商店の使われ方や発酵・熟成の手法にもう一工夫ほしい、という印象が残った。レトロな雰囲気を残した改修計画だけではなく、5年後10年後の展開や商店のあり方について、ハードとソフトの両面から掘り下げてほしい。

（石井 孝行）

125 舞鶴高専

審査員特別賞

眺める味わう感じる。わたしたちはこれからもカバタと生きる。

◎田中 詩小（3年）、矢野 十鼓、橘 敦子、山田 瀬奈（2年）[建設システム工学科]
担当教員：尾上 亮介 [建設システム工学科]

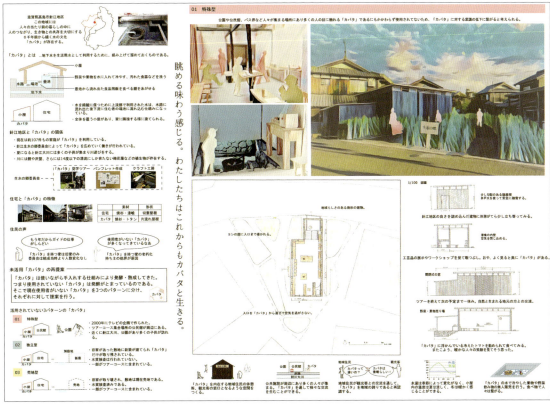

審査講評

▶「カバタ」という地域資源として6千年も続く水のある文化の営み。生活のために当たり前にある仕掛け「カバタ」に目を向けた。水上の人が水下の人のことを考え、さらにその先で生活を営む人たちのことを考える。その伝統を守り続けるための仕掛けの提案。

暮らしと密接に関わりをもってきたはずの「カバタ」だが未活用のものが増えてきた。未活用「カバタ」を3パターン化した分析は、複数の住戸で利用する「カバタ」ばかりだと考えていたが、説明を受けて、各住戸に独立して存在する「カバタ」が多いことを納得した。

プレゼンテーションの審査では、街並みを写した模型を使った説明で、予選のポスターを遥かに凌ぐ迫力があり、歴史と「カバタ」の存在の重要性が感じられた。

「カバタ」の上屋を、現行の街並みに沿ったこの地域の伝統的な建築で提案することにより、住民や後世の人たちへ「カバタ」と街の歴史的なつながりを伝えられ、街並み形成に重要な役割を示すものとなるだろう。また、「売地型カバタ」「特殊型カバタ」は伝統的な建築にとらわれないデザインにすることにより、新たなる「カバタ」の提案となると考える。　　　（小野寺 一彦）

本選作品 013 明石高専

もちむぎふれあい郷 —— 通学路の中で食と農にふれあう

松本 野々[建築学科5年]
担当教員：工藤 和美[建築学科]

空間デザイン

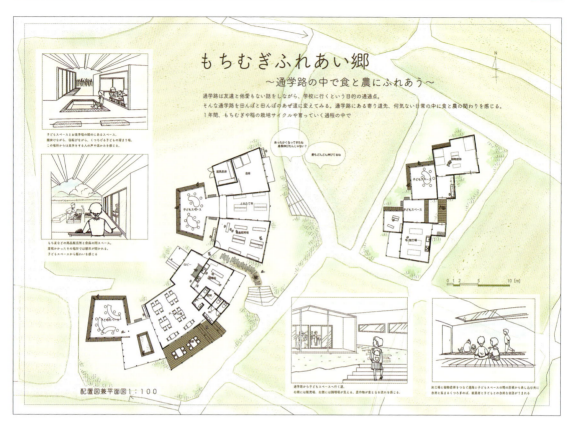

審査講評

▶ここでは、一般的に通学路には使われないであろう「あぜ道」を通学路とする。提案者には、あぜ道を通学の行き来に通った原体験が少なからずあったものと考えられ、その体験が「あぜ道」を身近な公路である通学路へとつなげたところがおもしろい。身近な生活の中から提案した点を評価した。

予選で提案されていた各々異なった形状の建物が、本選では形状が統一され小さくまとまってしまったこと、作品名で唱えた「もちむぎ」ではなく田んぼのあぜ道だったことが残念である。しかし、最後まで1人でやり抜いたことはすばらしい。

（小野寺 一彦）

本選作品	043 明石高専

魚住こども園 ── こども園と地域を結び付ける「道草コミュニティ」の計画

◎石井 大治朗、市岡 翼、鳥越 結貴、鳴瀧 康佑 [建築学科3年]
担当教員：東野 アドリアナ [建築学科]

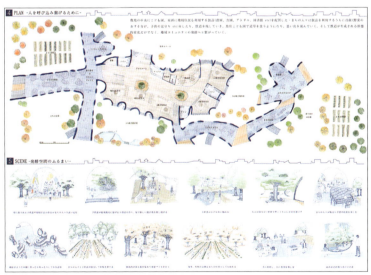

審査講評

▶兵庫県のJR魚住駅に近接した敷地に計画されたこども園で、建築ともランドスケープともつかない曖昧な空間構成が、こども園の魅力をより引き立てている。子供たちの歩く「けもの道」が動線となり、そこで生まれる「道草コミュニティ」が発酵装置として機能している。しかし、模型の断面構成や色彩表現は単調で、スケッチで見られた魅力ある平面計画に負けない、動きのある断面計画を期待していただけに残念だった。

（石井 孝行）

本選作品 (059) 石川高専
時差ボケゆうびんきょく

◎谷口 菜見（5年）、田辺 柾人、中野 さつき（4年）[建築学科]
担当教員：内田 伸[建築学科]

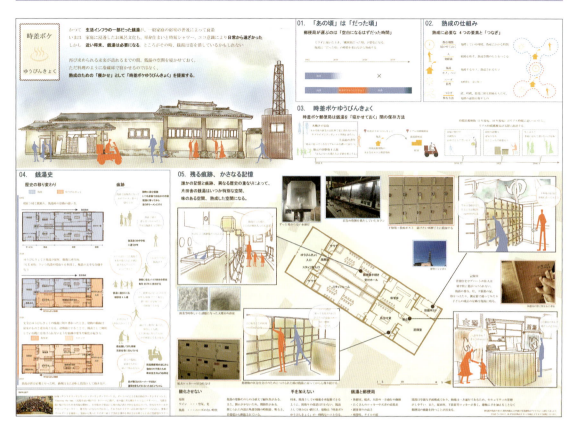

審査講評

▶未使用になった身近な建築が次の出番を待つ期間（時間）を「時差ボケ」と表現。また、「ゆうびんきょく」を平仮名にしたのには何か理由があったのだろうか。その感性には驚きだ。
しかし、計画地の向かいに簡易郵便局の存在がありながら、建物改修後の用途として「ゆうびんきょく」を選択したことには、強引さを感じる。既存の銭湯は、かなり魅力的な建物のように見えた。この地域の歴史や既存の銭湯（建物）をもう少し広く深く、視ることにより、必然的な建物用途（別なもの）が見えてきたかもしれない。　　　　　　　　　　　　（小野寺 一彦）

本選作品 072 釧路高専
おせっかい市場

太田 渉、◎中尾 光希 [建設・生産システム工学専攻専攻科1年] ／小野 総一郎、平川 泰成 [電子情報システム工学専攻専攻科1年]
担当教員：松林 道雄 [創造工学科建築デザインコース]

審査講評

▶北海道釧路市の活性化を担うべく、勝手丼で有名な和商市場を多国籍な施設として再生する提案である。外国人を市場内に居住させ、各国の食材を調理・販売するスペースを設けることで、名物の勝手丼が多国籍な食材の追加によりグローバル化し、新たな市場として発酵・熟成していく。ユニークな言葉づかいとストーリーが都市再生の一助となる様は興味深い。

一方で、内部空間構成やスケール感が肥大化しており、勝手丼のグローバル化についてもっと掘り下げて建築計画を検討する必要がある。 （石井 孝行）

本選作品 ⑼ 仙台高専（名取）

華めく都市を醸成する —— 都市空間における民俗文化の空間化

◎遠藤 空瑠、櫻井 佑斗 [生産システムデザイン工学専攻専攻科1年]／針生 瑠奈 [建築デザイン学科4年]／奥山 天心 [建築デザインコース2年]
担当教員：坂口 大洋 [建築デザイン学科]

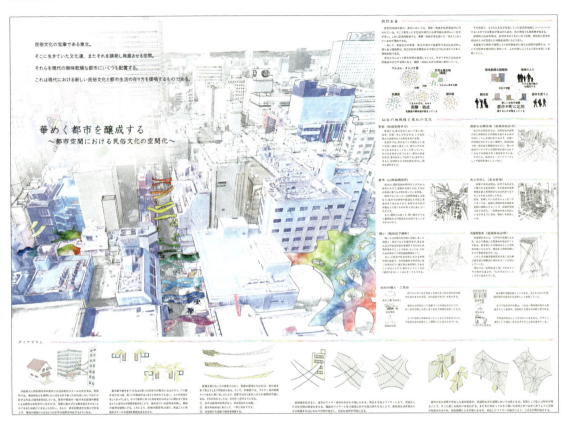

審査講評

▶開閉式のテントを使い、七夕祭に見る「吊るす」という飾りの文化と東北地方の市に由来する形体で、1つの場所で朝と夜の顔を使い分ける仕掛けの考え方としてはおもしろい。
だが、この街（通り）ならではの独創性や必然性を感じるまでには至らなかった。この提案は生活の中から生まれたのだろうか。この仕掛けを連続させることによって、どのような空間をつくりたいのか。この場所ならではの仕掛けが見えなかった。街（建物）が大きいゆえに困難も多いだろうが、今後の通りの使い方やあり方への提案を期待している。

（小野寺 一彦）

本選作品 ⑩ 仙台高専(名取)

出藍の縁 — 文化と環境の持続を担う空間の可能性

◎加藤 春奈 [生産システムデザイン工学専攻専攻科1年] ／佐々木 美優(5年)、會澤 幸之進(4年) [建築デザイン学科] ／吉光 賢太郎 [建築デザインコース2年]
担当教員：坂口 大洋 [建築デザイン学科]

審査講評

▶仙台市の富沢舘跡の土塁の上に計画された、「衣・食・住」を包括する空間の提案である。敷地のもつ歴史や未来像についてきちんとリサーチしており、模型によるプレゼンテーションは予選時から格段にブラッシュアップされ、大変魅力的であった。「出藍」「守破離」の言葉の意味を十分に理解し、提案との関連性もしっかりしている。ただし、この提案では、市の将来計画と同様に、盛土をして既存の土塁を隠してしまったのが残念。目に見える歴史遺産として土塁を残し、後世に歴史を伝えることも、設計者の重要な役割である。

（石井 孝行）

本選作品 (105) 豊田高専

ひとまちポトリエ — people×town×pottery×atelier

◎稲垣 穂高、佐藤 優真、建部 出帆、山田 恭平［建築学科4年］
担当教員：山田 耕司［建築学科］

空間デザイン

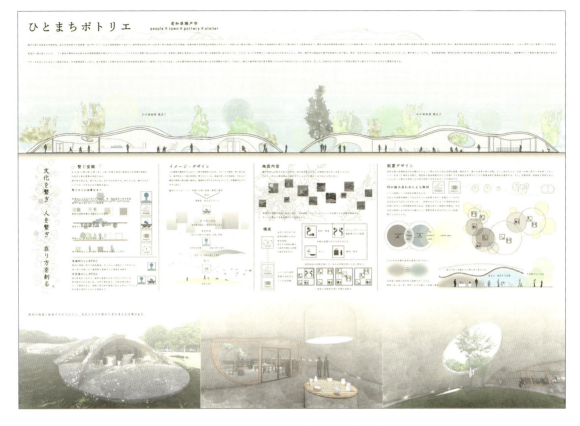

審査講評

▶形のないイメージ、土の中の空間。建設地がなぜこの公園の敷地だったのだろうか。具体的な物への展開が見えなかった。瀬戸物と地域の歴史とのつながりが曖昧で、瀬戸物を扱っていることを象徴する土を来訪者にどのように感じさせたいのかを示す具体的な仕掛けや形が見られなかったのは残念である。
形ありきの発想から一度離れ「私にとって、みんなにとって、地域にとって」といった切り口で考えてみるのも、よいのではないだろうか。

（小野寺 一彦）

20　デザコン2017 岐阜

本選

*文中の作品名は、サブタイトルを省略。高専名（キャンパス名）『作品名』［作品番号］で表示。
*文中の［　］内の3桁数字は作品番号

本選審査総評

歴史風土の分析から新たなデザインを

鯵坂 徹（審査員長）

　1日めのプレゼンテーション、2日めのポスターセッションでは、今回の課題テーマ「発酵」「熟成」と同様、参加学生と審査員との間で、12作品に対する理解や評価が共鳴・交錯、高揚していった。特に2日めのポスターセッションでは、学生と審査員の距離感も近く、学生の考えや取り組んだ状況を審査員が改めて知る機会となった。提案された地域の歴史や過去の航空写真に審査員側からも歴史資料を指摘しながら、なぜ提案する形態が生み出されたのかを各作品にヒアリングした。街を広域にとらえ過ぎ、その土地の歴史や風土を生かしきれていない作品のある一方で、その土地でしか生まれない提案もあり、そこが審査の分水嶺となった。

　最終的な評価は、12作品に対して、3人の審査員が1人5票をめやすに投票。8作品に票が入り、3票入ったのが3作品、2票が2作品、1票が3作品となった（本書27ページ表1参照）。投票結果をもとに、それぞれの審査員が投票した各作品への評価を説明することから始め、3人の意見交換の結果、3票の3作品から最優秀賞を選ぶことにした。すると、私が石川高専『他所の市　此処の市』［061］、小野寺審査員と石井審査員が米子高専『集落まるごと町役場』［141］を選び、3人の審査員の意見が分かれた（本書28ページ表2参照）。その後の審査員間の意見交換や提案学生との質疑から、ポスターに描かれたメインパース（透視図）の道幅が応募時と本選とで異なることが判明。実際の街並みにより近づけた提案学生の努力への評価と、実現できればやはりこの案に勝るものはないとの評価により、この米子高専『集落まるごと町役場』［141］が最優秀賞（日本建築家協会会長賞）に決定した。

　続く優秀賞の選定では、慎重に2票以下の作品も振り返りながら検討し、最終的に、残った3票の2作品、石川高専『他所の市　此処の市』［061］、小山高専『ヤマサ』［066］を優秀賞とした（本書28ページ表2参照）。

　次に、2つの審査員特別賞を選ぶため、再度各作品について参加学生へのヒアリングと意見交換を続けた後、審査員各々が推薦する作品に再度1票ずつ投じた。その瞬間、会場からどよめきが上がり、熊本高専（八代）『これからも、宮地んこどもの百貨店』［074］、舞鶴高専『眺める味わう感じる。わたしたちはこれからもカバタと生きる。』［125］が審査員特別賞に決定した（本書28ページ表3参照）。

　今の日本では、学生の取り組む設計課題の多くが更地に施設を計画する内容のため、日本の学生は、その土地の歴史や土地の経緯を深く掘り下げて建築の形を生み出していくことが苦手のような気がする。イタリアの学生たちが日本で卒業設計に取り組んだ際に、あまりに敷地の歴史資料が少なく、これでは設計ができないと嘆いていた。一方、2018年夏のイタリアでのワークショップで、2千年前のローマ時代の遺跡の整備計画に日本の学生が直面した時、彼らには、歴史ではなくまず先に形から入ろうとする姿勢が垣間見えた。歴史や風土を分析し、そこから形を紡ぎ新たなデザインを創造することが「守破離（しゅはり）」ではないだろうか。

　最後に、本選に参加した12作品とも優劣つけ難くすぐれた作品ばかりであったことを記しておく。最終的に賞を逃した作品も含め、ここまで勝ち抜いたことに自信を持ち、今後も土地の歴史風土を踏まえた新たなデザインを切り拓いていってほしい。

本選

○○○：数字は作品番号（本書22〜26ページ）

空間デザイン

013

043

059

061

066

072

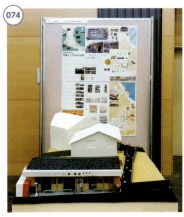
074

099

100

105

125

141

22　デザコン2018 北海道

> *文中の作品名は、高専名（キャンパス名）『作品名』［作品番号］、で表示。サブタイトルは省略
> *文中の［　］内の3桁数字は作品番号

本選審査経過

「発酵と熟成」のプロセスが問われた

会場、展示：
「発酵と熟成」を彷彿とさせる手書き表現、模型の作り込み

　本選の会場は、間口約10m、奥行約30mの大空間。ここで、オリエンテーション、プレゼンテーション、ポスターセッション、公開審査をすべて行なった。この空間の奥をプレゼンテーションに、手前をポスターセッションに利用した。

　ポスターセッション用の各作品の展示ブースは、間口1,800mm、奥行1,800mm、高さ1,800mmとし、作品番号順に配置した。参加学生たちは、このスペースを最大限に使用し、それぞれ工夫を凝らして展示準備に取り組んでいた。衝立と平行に置いてあった模型展示用の机を縦や斜めに配置する作品や、衝立にポスターではなく多数のスケッチ画を展示する作品なども見られた。また、大多数の作品が複数の模型を展示しており、細かく作り込まれた模型は参加者や来場者に感動を与えていた。

　各作品ともポスターは非常に濃い密度で描き込まれ、中にはポスターを2枚一組で、A0判サイズの大画像としてまとめる作品もあった。一方、昨今の学生作品に増加傾向の見られる建築CGを多用する作品は少なく、手書きのスケッチが目を引いた。どの作品も課題テーマ「発酵する空間、熟成する空間」に相応しい表現で展示されていた。

（千葉　忠弘　釧路高専）

本選

プレゼンテーション：
まず基本的な設計方針を発表

　例年、大会2日めに組まれていたプレゼンテーションの審査だが、今年はポスターセッションに先立ち初日に行なわれた。これは、あらかじめ作品の基本的な内容を審査員が把握しておくことによって、ポスターセッションでより深い内容について議論できることを目論んだためで、審査員と学生とが近距離で対面してやり取りするポスターセッションをさらに有意義な内容にする配慮であった。

　オリエンテーション終了後、抽選によりプレゼンテーションでの各作品の発表順を決定。参加学生たちは機器の動作確認などをして、プレゼンテーションに備えた。各作品の発表時間は8分で、質疑応答は6分。展示模型の映像と学生の発表スライドを同時に映写できるよう2面のスクリーンを用意した。パソコンはMacとWindowsの切替えがスムーズとなるよう2台設置し、それぞれがプロジェクターに直結された。模型用のプロジェクターにはビデオカメラとマイクロスコープが接続され、模型全景だけでなくライブ感のあるストリートビューや内観映像をスクリーンに写し出した。

　各作品の完成度はどれも高く、質疑応答で審査員から「話を聞いていると実際にこのプロジェクトが進んでいるような印象を受ける」「人々がつながるストーリーがよくできている」など、高評価を受けるプレゼンテーションが多かった。今回の入賞作品の大半は、地域住民の日常生活に重きを置いた計画案であり、その姿勢はプレゼンテーションで発表した学生の言葉に端的に現れている。米子高専『集落まるごと町役場』[141]では、発表の最後を「役場と住民が寄り添い、ともに歩んでいく」と締めくくった。小山高専『ヤマサ』[066]では、観光拠点としての整備を考えている栃木市の方針に対して、「地域に住んでいる人たちの日常の延長となるような場所を提案した」と訴え、煙突のある日常風景への熱い思いを語っていた。舞鶴高専『眺める味わう感じる。わたしたちはこれからもカバタと生きる。』[125]では、地元のさまざまな年齢層の人々に「カバタを使ってみようと思わせる提案」であることが強調されていた。

（西澤 岳夫　釧路高専）

ポスターセッション：
ダイナミックさが伴う審査風景

　２日めの午前に実施されたポスターセッションでは、3人の審査員が一緒に各作品の展示ブースを作品番号順に回り、参加学生とのやり取りを通じて審査する。各作品には発表5分、質疑応答10分が与えられた。しかし各作品ごとの議論が盛り上がったため、予定より30分の延長となった。

　開始前からすでに会場には緊張感が漂っていた。入念に説明の練習に取り組む学生、最適な展示物の配置を模索する学生、リラックスに努める学生など、それぞれにとってのベストな準備を終え、ポスターセッションが始まった。

　審査員からは課題テーマの評価軸に沿った問いを中心に、時には厳しい問いが発せられた。これに対し、説明する学生は図面や模型を駆使して応答する。審査員は座って説明を聞いていたり、模型前に移動したり、各作品ごとにさまざまである。そして、この様子を間近で見ようとする他の参加学生や来場者が集まり1つの塊となる。作品の交代に伴い、塊はその形を変えながら新たな展示ブースに移っていく。会場内には、学生と審査員の大振りな動作と観覧者の大移動によるダイナミックな審査風景が繰り広げられた。

（松林 道雄　釧路高専）

　各作品の展示ブースでは、主として、積極的な審査員と少々押され気味の学生というやり取りが展開。たとえば、石川高専『時差ボケゆうびんきょく』[059]では、床の素材の大理石も話題になった。「日本産の大理石？」（鰺坂）という問いに「わかりません」と学生。「調査によると国会議事堂の大理石は日本産で、昔は日本にも多くの大理石があったらしい。もし調査してこの床の大理石が日本産であれば、すごい銭湯になる」（鰺坂）と付加価値の高まる可能性にまで言及があった。熊本高専（八代）『これからも、宮地んこどもの百貨店』[074]では、「自動販売機を移動することで、どんな設計をしたかったのか？」（小野寺）という質問に「入口の位置を移動し動線を変えたかった」と学生。「今後は、自動販売機自体をデザインする、建物と一体化するなどまで考えてほしい」（小野寺）と期待を寄せた。

　一方で、小山高専『ヤマサ』[066]への「どの建物に価値があると考えている？」（鰺坂）という質問に、「個々の価値というより、瓦ぶき屋根のある街並みを残したい」と学生が自らの設計意図を主張する場面もあった。

（玉井 孝幸　米子高専）

本選

空間デザイン

公開審査：
入念な地域調査、実現性、まちづくりへの展開を評価

　公開審査は、午前中のポスターセッションが長引いたため、13:15からスタートした。
　冒頭、鯵坂徹審査員長から受賞作品数を増やせないかという要望があった。この要望からわかるように、どの作品もレベルが高く、受賞作品の選択に審査員が苦慮していたことを記しておく。
　昼食時に審査員間で審査方法を打ち合わせ、公開審査は、最初に各審査員がそれぞれ推薦する5作品をめどに投票することから始まった（表1参照）。
　投票結果を受け、推薦した作品に関して各審査員が意見を述べた。その後、全員が推薦した3作品［061］［066］［141］を上位3賞にすることが確定した。引き続き、最優秀賞をどの作品にするかの議論が開始された。
　鯵坂審査員長は［061］を推していたが、審議を経て、最終的に審査員2人が推す［141］を最優秀賞、［061］［066］を優秀賞とすることが決定した（本書28ページ表2参照）。［141］は、空き家を行政施設として再利用することの着眼点、提案の実現の可能性、地域課題の整理などが高く評価されての受賞である。［061］は、地域調査、デザイン性の高さ、提案の完成度の高さ、広場空間の提案内容などが高く評価されていた。［066］は、産業遺産の再利用内容、街路から敷地内部への広がり、模型のていねい、かつ、詳細な作り込みなどが高く評価された。

　次に審査員特別賞について議論する前に、得票した残りの作品が再度、検討された。この場面では、審査員が各作品の設計意図などを質問し、さながらポスターセッションの再現のようであった。
　十分に議論を尽くしたところで、審査員特別賞を決める2回めの投票（1人1票）を行なった。その結果［074］［125］が審査員特別賞となった（本書28ページ表3参照）。［074］は、集落の1店舗に絞り込んだ再生案、模型のていねいな作り込み、レトロな表現などが高く評価された。［125］は、「カバタ」という生活様式に着眼したこと、後世に残し大切にしていきたいものをていねいに表現したことなどが高評価だった。
　公開審査の最後に、審査員から「自分が好きだからという理由だけでデザインを決めるのではなく、歴史をもとにさらに踏み込んで動的に考えながらデザインすることで、次の世代に継ぐ建築をつくることができる」（鯵坂）、「入賞作品は、地域性、歴史性、周辺との関わりについての考え方が、他作品より1歩あるいは半歩だけ先に進んでいた」（小野寺）、「入賞を逃した作品は、この経験を次のステップへの糧にしてほしい」（石井）という言葉が贈られた。公開審査は予定していた1時間を超え、審査員の熱心な議論が建築を学ぶ高専の学生たちの心に響いていた。

（千葉 忠弘　釧路高専）

表1　本選——第1回投票　集計結果（1人5票をめやす）

作品番号	作品名	高専名（キャンパス名）	鯵坂	小野寺	石井	合計	受賞
013	もちむぎふれあい郷	明石高専		●		1	
043	魚住こども園	明石高専				0	
059	時差ボケゆうびんきょく	石川高専			●	1	
061	他所の市　此処の市	石川高専	●	●	●	3	上位3賞決定
066	ヤマサ	小山高専	●	●	●	3	上位3賞決定
072	おせっかい市場	釧路高専				0	
074	これからも、宮地んこどもの百貨店	熊本高専（八代）	●		●	2	
099	華めく都市を醸成する	仙台高専（名取）				0	
100	出藍の縁	仙台高専（名取）			●	1	
105	ひとまちポトリエ	豊田高専				0	
125	眺める味わう感じる。わたしたちはこれからもカバタと生きる。	舞鶴高専	●	●		2	
141	集落まるごと町役場	米子高専	●	●	●	3	上位3賞決定
	合計		5	5	6	16	

註（以下、同）　＊表中の●は1票　　＊表中の作品名は、サブタイトルを省略

本選

空間デザイン

表2 本選──最優秀賞への投票 集計結果（1人1票）

作品番号	作品名	高専名（キャンパス名）	鯵坂	小野寺	石井	合計	受賞
061	他所の市 此処の市	石川高専	●			1	優秀賞
066	ヤマサ	小山高専				0	優秀賞
141	集落まるごと町役場	米子高専		●	●	2	最優秀賞（日本建築家協会会長賞）
	合計		1	1	1	3	

註 ＊第1回投票で、満票の作品を対象に投票
　＊得票をもとに協議の上、各受賞作品を決定

表3 本選──審査員特別賞への投票 集計結果（1人1票）

作品番号	作品名	高専名（キャンパス名）	鯵坂 第1回投票	鯵坂 今回	小野寺 第1回投票	小野寺 今回	石井 第1回投票	石井 今回	2回の得票の合計	受賞
013	もちむぎふれあい郷	明石高専			○				1	
043	魚住こども園	明石高専							0	
059	時差ボケゆうびんきょく	石川高専					○		1	
061	他所の市 此処の市	石川高専								優秀賞
066	ヤマサ	小山高専								優秀賞
072	おせっかい市場	釧路高専							0	
074	これからも、宮地んこどもの百貨店	熊本高専（八代）	○	●			○	●	4	審査員特別賞
099	華めく都市を醸成する	仙台高専（名取）							0	
100	出藍の縁	仙台高専（名取）					○		1	
105	ひとまちポトリエ	豊田高専							0	
125	眺める味わう感じる。わたしたちはこれからもカバタと生きる。	舞鶴高専	○		○	●			3	審査員特別賞
141	集落まるごと町役場	米子高専								最優秀賞（日本建築家協会会長賞）

註 ＊第1回投票の得票を加味して協議の上、受賞作品を決定
　＊○は第1回投票の1票

開催概要

空間デザイン部門概要

【課題テーマ】発酵する空間、熟成する空間

【課題概要】
日本の食文化の特徴は、味噌・醤油などの発酵技術にある。この発酵という言葉は食品づくりに留まらず、農山漁村や歴史的な地域においては、熟成した空間形成にも当てはまる。つまり、人々が手入れをし、使い込んできた空間を「発酵した空間」と言えないだろうか。
一方、郊外のロードサイドに建ち並ぶ店舗は、言わば「3分クッキング」の建築であろう。いわゆる大量消費向けの空間である。これらは言うに及ばず、子孫に残したい空間ではない。
そこで空間デザイン部門の課題テーマは「発酵する空間、熟成する空間」の提案とする。
全国には熟成した生活空間が数多く息づいている。各々において生活者や利用者が発酵菌となり、空間を熟成させてきた歴史がある。こうした歴史を踏まえて、本課題では、時を経て味わいの出る空間デザインを考えてほしい。単にエイジングや時間経過に伴う景観的な質の向上を考えるのではなく、人々が使い込むことによって熟成していく仕掛けを考えてほしい。また、時間軸を考慮したデザインであってほしい。大会のメインテーマ「守破離」を意識し、長く使われ愛される空間の提案を期待する。

【審査員】鯵坂 徹［審査員長］、小野寺 一彦、石井 孝行

【応募資格】
①高等専門学校に在籍する本科および専攻科の学生
②4人までのチームによるもの。1人1作品

【応募数】151作品（327人、21高専）

【応募期間】
予選ポスター提出期間：
2018年9月3日（月）～6日（木）
（台風第21号、北海道胆振東部地震の被害のために、9月10日まで受取り延長）

【設計条件】
①対象エリアは、農山漁村や歴史的地域に限定しない。あえて都会のど真ん中でもよい。あらゆる地域を自由に想定してよい
②敷地のある実際の地域や場所、そこでの日常、行事やイベント、組織などを調査した上で提案すること
③住宅、公共施設、商業施設、広場など、用途は自由に想定してよい

本選審査

【日時】2018年11月10日（土）～11日（日）

【会場】
釧路市観光国際交流センター　大ホールD

【本選提出物】
①ポスター：
A1判サイズ（横向き）最大2枚（予選で提出したポスターに、追加も差し替えも可）、厚さ3mmのスチレンボードに貼りパネル化
予選で提出したポスターをブラッシュアップしたもの
②模型：
幅1,800mm×奥行1,800mm×高さ1,800mmの空間内に収まるもの

【展示スペース】
幅1,800mm×奥行1,800mm×高さ1,800mmの空間
衝立（幅1,200mm×高さ2,100mm、フェルト布地）1枚、テーブル（1,800mm×奥行600mm×高さ700mm）1台を提供

【審査過程】
参加数：12作品（42人、9高専。欠場1人）
日時（実績）：
2018年11月10日（土）
①プレゼンテーション　13:00～16:20
2018年11月11日（土）
②ポスターセッション　9:00～12:30
③公開審査　13:15～14:20

予選

*文中の作品名は、サブタイトルを省略。高専名（キャンパス名）『作品名』［作品番号］で表示
*文中の［　］内の3桁数字は、作品番号

予選審査総評

発酵する空間、熟成する空間

鯵坂 徹（審査員長）

　大会全体のメインテーマである「守破離（しゅはり）」には、「守り続けなければならない何かがあり、『もと』となるものを忘れるな」という意味が込められている。「守」「破」「離」は三段跳びの「ホップ」「ステップ」「ジャンプ」のように、最終的には新たなデザインを開拓すること、ととらえられる。さらに、空間デザイン部門の課題テーマ「発酵する空間、熟成する空間」の「発酵」を考えると、そこには発酵するための「もと」と条件が必要であり、「もと」を熟成、発展させてはじめて「守破離」の「離」に至らしめることが可能となる。

　審査の過程で、まず気になったのは地域にあるどんな「もと」＝「地域の歴史的資産や景観」を発見し、そしてその歴史とどのように呼応しながら地域にふさわしい新たな空間を創造しているか、という点だった。この視点から各応募作品を評価していった。予選審査では、応募151作品から当初予定の10作品に絞りきれず本選への進出は12作品となってしまったが、それ以外の139作品にも見どころのあるものが多数あった。

　また、「守」と「離」のどちらに重きを置くのかについては、当然ながら、3人の審査員の考え方や意見に差があり、予選の1次選考で3票が入り選ばれたのは2作品のみであった（表4参照）。一方、表現力がすぐれ、「もと」と敷地の歴史との関係性はあまり感じられない作品の中からも、本選に向けてのリファインを期待して、いくつかが予選を通過した。

　私の個人的意見だが、予選通過作品以外の明石高専『湯×坂』［030］、熊本高専（八代）『終活』［078］、徳山高専『アーケードのご縁』［102］、米子高専『相生』［142］等々は、地域の「もと」の発見とその歴史との呼応が魅力的だった。

表4　予選──1次選考　投票集計結果（1人10票をめやす）

作品番号	作品名	高専名（キャンパス名）	予選1次投票（1人10票をめやす）			合議	合計
			鯵坂	小野寺	石井		
001	An unfinished museum ── sannomiya	明石高専	●				1
013	もちむぎふれあい郷 ── 通学路の中で食と農にふれあう	明石高専		●	●		2
016	今后　いまから、これから。── 腐敗しない空間の流れに身を置く	明石高専		●			1
030	湯×坂	明石高専	●				1
041	里につどう山とつむぐ ── 子どものためのサードプレイスの提案	明石高専			●		1
043	魚住こども園 ── こども園と地域を結び付ける「道草コミュニティ」の計画	明石高専	●	●	●		3
052	歩く、暮らす、猫のまち	秋田高専				●	1
059	時差ボケゆうびんきょく	石川高専	●		●		2
061	他所の市　此処の市	石川高専				●	1
066	ヤマサ ── 煙突の煙が幸せのかけらを報せる	小山高専		●			1
072	おせっかい市場	釧路高専			●		1
074	これからも、宮地んこどもの百貨店	熊本高専（八代）	●				1
077	仮設のこれから	熊本高専（八代）		●			1
078	終活 ── 海の上の廃校	熊本高専（八代）	●				1
093	モノがたり	仙台高専（名取）			●		1
099	華めく都市を醸成する ── 都市空間における民俗文化の空間化	仙台高専（名取）	●		●		2
100	出藍の縁 ── 文化と環境の持続を担う空間の可能性	仙台高専（名取）	●	●			2
102	アーケードのご縁 ── 商店街と高齢者施設の間	徳山高専	●				1
105	ひとまちポトリエ ── people×town×pottery×atelier	豊田高専				●	1
125	眺める味わう感じる。わたしたちはこれからもカバタと生きる。	舞鶴高専		●			1
129	うたかた時 ── 思い出を偲ぶ場所	米子高専		●			1
141	集落まるごと町役場	米子高専	●	●	●		3
142	相生 ── ガソリンスタンドの再出発	米子高専	●				1
143	荒廃を許容する四畳半 ── 現代のための新土地再生計画	米子高専			●		1
	合計		10	9	9	4	32

註　＊表中の●は1票
　　＊表中の作品は、予選の1次選考通過24作品。票の入らなかった作品は未掲載
　　＊表中の　　　は予選通過

予選審査経過

予選審査の2週間前までに3人の審査員宛に全応募作品の一覧とそれぞれのポスターのA3判サイズ縮刷版を送付し、事前に各審査員に全作品の内容を確認してもらった。予選当日は、2段階で審査が実施された。まず、1次選考では、3人の審査員により各10作品程度が選出された。次に、1次選考で選ばれた作品について改めて審議し、予選通過作品を決定する2次選考が行なわれた。

1次選考では、3人の審査員は4つの教室に分かれて展示された全151作品の応募ポスターを各自のペースで確認しながら審査し、各々の推薦作品を選出。個々の審査終了後に、3人で協議することによって、選出作品を追加することが急遽決定した。休憩後、審査員全員で各作品を改めて回りながら協議する中で、4作品が追加で選出された。結果、合計24作品（3票：2作品、2票：4作品、1票：14作品、合議による追加：4作品）が2次選考に進むこととなった（表4参照）。

2次選考では、得票の多い作品から順に検討され、まず、審査員全員が推す［043］［141］の2作品が予選通過となった。次に、2票の4作品が検討された。［013］［059］の2作品は直ちに予選通過となり、［099］［100］は一旦保留となった。そして、得票数1の作品と合議により選出した追加作品の検討に移った。

1票の作品については、最初に、各審査員が強く推す各1作品を通過させることとなり、［066］［072］［074］の3作品が予選通過となった。以降は、対象外とする作品も選定しながら、3人の審査員で協議を重ね、予選通過作品を選出していった。この過程で、保留になっていた［099］［100］について議論が再開し、両作品の予選通過が決定した。

最後の段階では、審査員は、応募作品が対象地の歴史をきちんと読み解いているか、提案と周辺敷地との関係を積極的に表現できているか、に重点をおいて議論した。一方で、本選に向けてどれだけ改善されるか、各作品の伸び代についても議論された。この結果［061］［105］［125］の3作品が追加で予選通過となった。

最後に、選出作品の内容が再度確認された。当初は10作品選出の予定であったが、前述のとおり計12作品が予選通過作品として決定した（表4参照）。

なお、すべての応募作品のポスターの映像が、本選会期中、空間デザイン部門の会場において、大型ディスプレイで紹介された。

(松林道雄　釧路高専)

開催概要（予選）

予選審査

【日時】2018年9月27日（木）10:00～16:00
【会場】
釧路工業高等専門学校　建築製図室、C201ゼミ室、S202Aゼミ室、S202Bゼミ室、S203ゼミ室
【事務担当】
千葉 忠弘、西澤 岳夫、松林 道雄（釧路高専）
【予選提出物】
プレゼンテーションポスター：A1判サイズパネル1枚（横向き）、3mm厚のスチレンボードに貼りパネル化
プレゼンテーションポスターの画像データ
【予選通過数】12作品（43人、9高専）

予選通過作品講評

本選に向けたブラッシュアップの要望

鰺坂 徹（審査員長）、小野寺 一彦、石井 孝行

013 明石高専
もちむぎふれあい郷 —— 通学路の中で食と農にふれあう

敷地周辺の状況がもう少しわかるような配置図がほしい。また、土地（農地）の持つ歴史がどのように計画に盛り込まれているのかを明確にした上で、過去と現在がどのようにより良い未来へつながっていくのか、そのストーリーをもっと掘り下げて説明してほしい。さらに、1年のサイクルを就農者と生徒（子供たち）との発酵過程ととらえ、その積重ねが毎年熟成され、食育・教育・遊びの場を通しその場所への土着心など、さまざまな効果が生まれる「ふれあいの郷」となるような提案が見てみたい。

043 明石高専
魚住こども園 —— こども園と地域を結び付ける「道草コミュニティ」の計画

敷地周辺との関係が伝わってこなかったため、その関係がわかるようなプレゼンテーションとして修正してほしい。模型が楽しみな作品であり、ぜひとも見てみたい。建築なのかランドスケープなのか、この曖昧さがこども園としてのワクワク感を生み出しているので、発酵装置としての「道草コミュニティ」を模型で上手に表現してほしい。

059 石川高専
時差ボケゆうびんきょく

おもしろい内容の提案である。もっと敷地周辺との関係性がわかるようにしてほしい。また「なぜ郵便局なのか？」「なぜこの銭湯なのか？」「この提案は他の銭湯にも通じるような普遍的なものか？」についてもう少し踏み込んだ説明を加えてほしい。「また必要とされる将来まで建物を寝かせる」という発想や、良い熟成のためには「酸化させない」という説明もテーマに沿っており、ブラッシュアップにより、これらの言葉づかいをうまく表現したプレゼンテーションにしてほしい。

061 石川高専
他所の市　此処の市

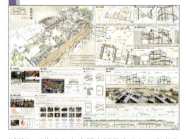

減築して生まれた空間を活用するという考え方は良い。ファサードの展開方法もおもしろい。ただし、改修が大掛かりになり過ぎている。「空のデッキ」を一部だけにするなど、改修はもう少し小さくシンプルでもよいのではないか。そのほうが季節による人の流れの偏りを防ぎ、上下の人の流れを活発にすることができる。また、上部のデッキを連続させる意図を明確に示してほしい。

066 小山高専
ヤマサ —— 煙突の煙が幸せのかけらを報せる

内容はうまくまとまっているが、敷地内だけで話が完結してしまっている。周辺環境との関係にも触れて説明してほしい。伝統建築保存地区、まちなかキッチン、敷地外分散型ホテルなどと本施設との関係性を掘り下げたストーリー（プレゼンテーション）が見てみたい。

072 釧路高専
おせっかい市場

ことばの使い方はおもしろい。アプローチを含めた動線計画、商業空間と居住空間との境界、街路からの景観など、施設計画の全体像を具体的な建築表現を用いて明確にしてほしい。既存建物の関係性や多国籍感を表現するデザインも、もう少し考えてほしい。「勝手丼のグローバル化」が都市の再生の一助となるストーリーが楽しい。勝手丼体験部分のスペースの使い方を掘り下げるなど、居住区、製造販売区、観光客の交流区などをわかりやすくプレゼンテーションしてほしい。

* 2018年9月27日　予選審査後の発言をもとに作成した原文をそのまま掲載

(000)：数字は作品番号

全作品に対して

「発酵する、醸成する」といったことを考える時に、必ず、もともとあるものの価値や意味を明確にとらえてから、発酵・醸成させてほしい。

特に、敷地の昔の地図や航空写真を確認し、敷地の歴史性を踏まえたプレゼンテーションに期待したい。

074　熊本高専（八代）
これからも、宮地んこどもの百貨店

提案する建築については明確に表現され、絵のタッチも良い。正面からのアプローチ、路地とのつながりなど周辺環境とのつながりをもう少し明確に表現してほしい。提案の計画地と小さな商店の中に詰まった、たくさんの残すべき風景や風習をブラッシュアップにより余すことなく見せてほしい。模型とスケッチのオリジナリティを活かして。

099　仙台高専（名取）
華めく都市を醸成する──都市空間における民俗文化の空間化

プレゼンテーション力は高い作品だが、最も主張したい部分の図面表現がわかりにくい。既存の建築に手を加えているのであれば、その具体的内容を明確に表現してほしい。提案する計画はすべて足し算のように見える。一方で、あるものを減らすという考え方もある。さらに、提案する計画が建築からアプローチしたものなのか、都市からのものなのかも明確にしてほしい。ハイラインの提案なのか、「文化空間のつながり」をデザインしたものか、それとも全く違う意図か、説明がほしい作品。1階の開放部分の状態など、図面では不明瞭な点を模型でわかりやすく表現してほしい。

100　仙台高専（名取）
出藍の縁──文化と環境の持続を担う空間の可能性

計画範囲が明確でない。提案対象と敷地との位置関係をわかりやすくしてほしい。また、土塁の歴史や、内と外の関係性に関する説明と表現がもう少しあれば、さらにおもしろくなる。「縁」の喪失と発生についてや、今見えている景色と「縁」の意味を、本選のプレゼンテーションの時に、もう少し説明してもらいたい。手書きの表現力も高い。ブラッシュアップして、ワクワクするような「縁を醸造する空間」を提案してほしい。

105　豊田高専
ひとまちポトリエ──people×town×pottery×atelier

もう少し今回の課題テーマ（発酵と熟成）に沿ってブラッシュアップをしてほしい。特に敷地と建物の関係、提案と周辺環境や歴史との関係性を表現すること。デザイン性の高い提案だが、建物の形状や空間の規模、心地よい高さの決定根拠など、なぜ本提案に至ったかを補足してほしい。

125　舞鶴高専
眺める味わう感じる。わたしたちはこれからもカバタと生きる。

目の付けどころは良い。個々のデザインをブラッシュアップするとともに、街並みとしてはどのような景観となっているのかを示す絵を描いてほしい。鋼板やポリカーボネートなど具体的な素材指示があるが、積極的な意図が見えないため、地域とのつながりのない素材であれば提案から省いてもよい。

141　米子高専
集落まるごと町役場

考え方は良い。ただし、図面表現がやや単調で、提案した建築が新築なのか古民家再生なのが各パースを見ても伝わらない。もう少し建築に焦点を当てた表現としてまとめてほしい。また、プレゼンテーションの内容に、集落の歴史をもう少し反映させてほしい。スケールの大きな提案で、集落すべてが町役場機能として、開かれた行政と空き家対策を軸に発酵・熟成されていくのがおもしろい。このストーリーを大事にブラッシュアップしてほしい。

予選139作品

：数字は作品番号

空間デザイン

An unfinished museum —— sannomiya
001 明石高専
藤本 凌平［建築学科4年］
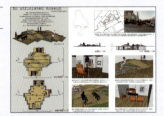

Connecting and Growing
002 明石高専
長濱 敏洋［建築学科4年］

Glass Ball 行灯 —— 周りの人や街を優しく照らすガラス玉
003 明石高専
亀川 新玄［建築学科4年］

Healing Place —— for placing Footbath & Pool Bar
004 明石高専
金田 悠吾［建築学科4年］

Hologram
005 明石高専
弥栄 来未［建築学科4年］

machi-STA —— 未来に繋げる小学校
006 明石高専
前田 恵美［建築学科4年］

PLAY ROAD —— 高架下に新たな遊び場と交流の道を
007 明石高専
坪内 宥香里［建築学科4年］

Small Small Site
008 明石高専
原田 宇［建築学科4年］

SURF HOME
009 明石高専
西川 舞香［建築学科4年］

かまどころ —— カマアト＋アソビバ＋マナビバ
010 明石高専
大桐 佳奈［建築学科5年］

のこぎり屋根でつなぐ、ひとつの家族
011 明石高専
上野 美里［建築学科4年］

ふたみ みんなの運動場
012 明石高専
大前 拓海［建築学科4年］

ゆったり、まったり。

014　明石高専
前田 七海 [建築学科4年]

らくがきれすとはうす

015　明石高専
山水 栞名 [建築学科4年]

今后　いまから、これから。── 腐敗しない空間の流れに身を置く

016　明石高専
森崎 加鈴 [建築学科5年]

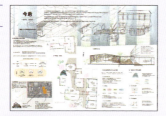

住吉神社カフェ ── 社務所の改装と増築

017　明石高専
渡邉 琢斗 [建築学科4年]

使われない集会所を休憩所へ！

018　明石高専
西海 隼 [建築学科4年]

市場でつなぐ人と人 ── 一般に開かれた明石市公設地方卸売市場

019　明石高専
多胡 旭 [建築学科4年]

受け継ぎ、生み出す

020　明石高専
辻本 敏暉 [建築学科4年]

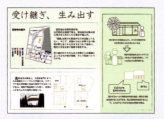

商店街、上から行くか？　下から行くか？

021　明石高専
塩崎 涼也 [建築学科4年]

地域と木と ── 美賀多台公園の発展計画

022　明石高専
森崎 芙有 [建築学科4年]

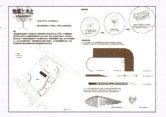

夢か現か

023　明石高専
西尾 亮二 [建築学科5年]

寝場所！── 新旧交錯のまち

024　明石高専
松家 雅大 [建築学科5年]

暮らす＋ART

025　明石高専
國塩 侑加 [建築学科5年]

有馬温泉に夕涼みの空間を

026 明石高専

松田 悠［建築学科4年］

梅と活きる町

027 明石高専

九鬼 拓也［建築学科4年］

江井ヶ島綜合市場×みまもりの家

028 明石高専

菅 智子［建築学科5年］

淡路島里山博物館

029 明石高専

泉 直志［建築学科4年］

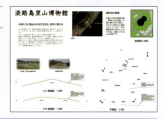

湯×坂

030 明石高専

清水 健人［建築学科4年］

湯がめぐる発酵空間

031 明石高専

加藤 人識［建築学科4年］

版築壁公園 ── 人々の手で生まれる広がる空間

032 明石高専

小西 隆介［建築学科4年］

空中休憩所

033 明石高専

茶島 菜々子［建築学科4年］

紡ぎ、紡がれ　生み生まれ

034 明石高専

内田 あすか［建築学科4年］

紬紡庵 ── 観光客にもう一度訪ねたいと思わせる私たちの故郷　姫路

035 明石高専

金子 雄哉、川植 未夢、◎塩坂 優太、濱口 祐希［建築学科2年］

繋がる、紡ぐ、

036 明石高専

難波 茜［建築学科4年］

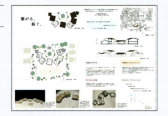

茅葺き屋根のISEKI

037 明石高専

山本 奈央［建築学科4年］

街道に住まう

(038) 明石高専

竹内 渉［建築学科5年］

過去から未来へ——変容し紡ぎ繋いでいく

(039) 明石高専

天野 雄仁［建築学科4年］

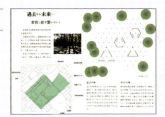

道の駅——香寺の郷

(040) 明石高専

濱田 侑志［建築学科4年］

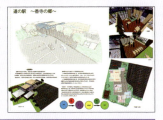

里につどう山とつむぐ——子どものためのサードプレイスの提案

(041) 明石高専

山崎 なずな［建築学科4年］

集まる場・変わる場

(042) 明石高専

谷郷 風人［建築学科4年］

魚住公園

(044) 明石高専

榎本 卓真［建築学科4年］

陰翳礼讃——谷崎潤一郎の空間

(045) 明石高専

崎谷 美沙［建築学科4年］

SERIAL

(046) 秋田高専

◎伊藤 那央也（4年）、種倉 栞（2年）［環境都市工学科］

A Piece of Akita

(047) 秋田高専

◎森川 祥一（4年）、鈴木 貴大（3年）［環境都市工学科］／三浦 奏大（2年）、佐藤 圭太（1年）［創造システム工学科］

「みち」からはじまる人とまち

(048) 秋田高専

◎佐藤 綾奈、北嶋 春香［環境都市工学科3年］／鎌田 裕亮［機械工学科2年］／本多 葵［創造システム工学科1年］

街をつなぐスキマ

(049) 秋田高専

白川 光聖［環境システム工学専攻 専攻科1年］

四季を感じる海の家

(050) 秋田高専

瀬川 森詩［環境都市工学科5年］

37

空間デザイン

団地＋nのまちに住む
051 秋田高専
奥山 博人［環境都市工学科5年］

歩く、暮らす、猫のまち
052 秋田高専
田口 元香［環境システム工学専攻専攻科1年］

木漏れ燈が水面に揺れるまち「川反(かわばた)」
053 秋田高専
◎中塚 大雅（4年）、小林 葵（2年）［環境都市工学科］／鎌田 大輝［創造システム工学科1年］
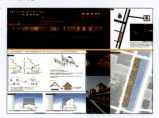

景観の記述
054 秋田高専
◎舘岡 浩志（4年）、吉田 美音（3年）、加賀屋 悠人（2年）［環境都市工学科］／小川 太一［創造システム工学科1年］
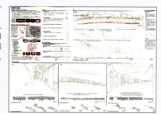

postmino
055 有明高専
◎稲葉 淑貴、滝川 壱稀、宮田 紳太郎［建築学科5年］

Whale spouts water——移住者による空間の発酵
056 有明高専
栗原 美瑞希［建築学科5年］

本と繋がる
057 有明高専
◎崎田 森平、濱崎 瑞生［建築学科5年］

再劫築——SAIKOUCHIKU
058 有明高専
◎有働 理来、龍 奈央［建築学科5年］

善隣雪景(ぜんりんせっけい)
060 石川高専
◎谷保 太一（5年）、和田 純、石田 光之介（4年）［建築学科］

熟成する駐車スペース
062 石川高専
◎岡本 貴郁、谷口 あいり（5年）、一二三 亮昌（4年）［建築学科］

ししおどし——時の流れと安らぎを感じるバス停
063 大阪府立大学高専
◎森 成諒［総合工学システム学科／都市環境コース3年］、藤田 凰介、萩森 夢士、中松 奨［総合工学システム学科1年］
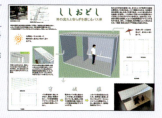

能勢祭——伝統を植えつけ、地域を守る
064 大阪府立大学高専
安達 愼之介、坂本 楓佳、◎森元 寛太［総合工学システム学科／都市環境コース4年］

暖地—— つながりから生まれる新たな文化

(065) 小山高専

田崎 朱莉花［建築学科5年］

おおたかなやま居育て呑龍—— みんなでつくる故郷のような居場所

(067) 小山高専

◎鳥羽 潤、大勝 圭輝［建築学科5年］

Ville de velo—— 自転車の宿場町

(068) 小山高専

田仲 裕貴［建築学科5年］

古川に商絶えず—— 鹿沼まちなかオフィス計画

(069) 小山高専

◎田中 碧（5年）、神宮 響（4年）、平 美月、西東 祐実（3年）［建築学科］

融合と調和—— YOU GO!! TYOWA!!

(070) 釧路高専

◎新井 純、石丸 桃歌、加納 滉大、山本 凌歌［建築学科4年］

繋がる 広がる 輪

(071) 釧路高専

◎島 康介、亀野 夏生、河原 詢、河原 大輔［建築学科4年］

回天横丁

(073) 釧路高専

◎鳥倉 由羽、橋本 志保、荒井 ももな［建築学科4年］

むかしを呼ぶ—— 大きな木との暮らし

(075) 熊本高専（八代）

中村 絢夏［建築社会デザイン工学科3年］

今、球磨川と生きる

(076) 熊本高専（八代）

徳永 和也、森重 孝太郎、◎吉塚 聖如由［建築社会デザイン工学科4年］

仮設のこれから

(077) 熊本高専（八代）

◎蓑田 亮太（5年）、田代 このは（4年）［建築社会デザイン工学科］

終活—— 海の上の廃校

(078) 熊本高専（八代）

◎筧 絢賀（5年）、橋崎 航平、俵 花梨（4年）［建築社会デザイン工学科］

たまりば

(079) 熊本高専（八代）

◎武田 空（5年）、奥羽 未来（4年）［建築社会デザイン工学科］

空間デザイン

おたいらに。
(080) 熊本高専（八代）
山下 あみ［建築社会デザイン工学科3年］

木を囲む
(081) 熊本高専（八代）
市原 望愛［建築社会デザイン工学科3年］

二世帯をつなぐ家
(082) 熊本高専（八代）
池永 周造［建築社会デザイン工学科3年］
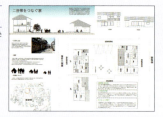

いざ、くつろがん。
(083) 熊本高専（八代）
池田 勇太郎［建築社会デザイン工学科3年］

いこう屋
──「好き」を育み「好き」でつながるまちの発酵コミュニティ
(084) 呉高専
井上 咲［建築学科5年］

よりみち
(085) 呉高専
◎下原 健、林 佳一郎、平田 ひかる、山本 摩生［建築学科5年］

Reactivation
(086) 高知高専
◎會田 龍司、中川 竜之介、宮岡 奨一郎、吉岡 海音［環境都市デザイン工学科4年］

木っかけ
(087) 高知高専
◎野村 凜太郎、岡崎 麟太郎、藤原 桜［環境都市デザイン工学科5年］
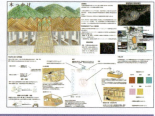

遍路道
(088) 高知高専
泉 孝太郎、小松 微、◎福原 結子、山本 杏月［環境都市デザイン工学科5年］

毘沙門の滝 ── 音で結ぶ空間
(089) 高知高専
◎今井 裕也、川村 卓也、田原 晃華、山﨑 萌果［環境都市デザイン工学科5年］

ちゃどうでどう？
(090) 高知高専
◎吉村 悠河、野村 裕太、金山 将［環境都市デザイン工学科5年］

龍河洞商店街
(091) 高知高専
◎阪本 美樹、半田 麗、橋本 茜、ヘン・クムホン［環境都市デザイン工学科5年］

長ら風呂──大人の「楽しむ」銭湯

(092) サレジオ高専

◎伊藤 万央(4年)、池田 龍生、杉山 太一、山本 大樹(1年)[デザイン学科]

モノがたり

(093) 仙台高専(名取)

◎佐藤 智哉[生産システムデザイン工学専攻科2年]／羽田 知樹[建築デザイン学科4年]

水を綴る

(094) 仙台高専(名取)

◎橋場 健[生産システムデザイン工学専攻科2年]／宍戸 奎介(5年)、竹中 里来(3年)[建築デザイン学科]／村主 太陽[建築デザインコース2年]

生活と商いの化学反応

(095) 仙台高専(名取)

◎大沼 亮太郎、永井 誠人[生産システムデザイン工学専攻科1年]／岩佐 佳慧、渡邉 天翔[建築デザインコース2年]

芽生え 育ち 稔る

(096) 仙台高専(名取)

◎高橋 花歩(5年)、高橋 一輝、佐々木 大和(4年)、遠藤 天夢(3年)[建築デザイン学科]

もりに集まり、耕す。

(097) 仙台高専(名取)

◎菊地 哲平、大竹 晶(5年)、大室 慶明(4年)[建築デザイン学科]

ミチノネ──りんごコンパクト農園

(098) 仙台高専(名取)

◎鈴木 裕佳(5年)、加藤 美鈴(4年)、後藤 颯汰(3年)[建築デザイン学科]

いざかしりふへ

(101) 仙台高専(名取)

◎鈴木 ほの香、笹山 花鈴(5年)、佐竹 萌香(3年)[建築デザイン学科]

アーケードのご縁──商店街と高齢者施設の間

(102) 徳山高専

福嶋 匠、セアン・セイハックニア(5年)、◎守本 愛弓(4年)[土木建築工学科]

かみのせき──漁師と共に育む町

(103) 徳山高専

佐々木 日菜(5年)、◎川根 翔太、山田 苑佳(4年)、裏谷 万葉(3年)[土木建築工学科]

市民センター出張所

(104) 徳山高専

◎郡司 颯(5年)、河部 祐侃、椿 慎一郎(4年)[土木建築工学科]

商店街×高校生の町

(106) 豊田高専

◎鈴村 緋理、小出 果歩[建築学科3年]

予選 139作品

西町物語 —— 山車と私

(107) 豊田高専
◎石崎 朱香、松葉 明里、村瀬 千瑛［建築学科3年］

三代の寺子屋 —— 桜城址公園

(108) 豊田高専
◎白井 颯馬、仲谷 英一郎［建築学科3年］

滲み出す箱

(109) 豊田高専
◎澤田 敦希、杉本 宙威(4年)、石原 蒼平(3年)［建築学科］

水辺の喫茶店

(110) 長岡高専
鶴田 悠夏［環境都市工学科4年］

Bakery & Library

(111) 福井高専
西島 映里［環境都市工学科3年］

いちごまつり —— おいしいケーキと楽しい時間

(112) 福井高専
山本 花凜［環境都市工学科4年］

天井の街、須磨離宮

(113) 福井高専
高橋 未紗［環境都市工学科5年］

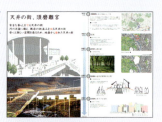

北前船のおでん屋さん
—— 昆布の熟成技術を用いた伝統の味が提供できる新たな観光施設

(114) 福井高専
山本 光騎［環境都市工学科3年］

湖さんぽ

(115) 福井高専
島脇 優里［環境都市工学科5年］

アナログ空間×デジタル空間 —— めがねのないまち

(116) 福井高専
釜井 剣［環境システム工学専攻科2年］

べにいちご

(117) 福井高専
◎山本 悠衣、小島 亜素佳［環境都市工学科5年］

今もなお生き続ける城下町からの蔵

(118) 福島高専
◎會田 聖生、飯澤 将伍、乙山 翔太、由利 優樹［建設環境工学科5年］

未来に残る伝統郷──古きを重んじ、継承す

(119) 福島高専

◎鹿又 善憲（専攻科2年）、髙木 芽依（専攻科1年）［産業技術システム工学専攻］／金野 実紗［建設環境工学科5年］

ゴールデンタイムを記憶の方舟に乗せて

(120) 舞鶴高専

◎下郡 季、谷口 未来、蔵内 湖都里（2年）、中村 梓（1年）［建設システム工学科］

地蔵祭来

(121) 舞鶴高専

◎今村 恒規、吉川 優（2年）、北野 開靖、松井 嶺磨（1年）［建設システム工学科］

町のキャンパス

(122) 舞鶴高専

岡下 大陸、◎長瀬 朝暉（4年）、田中 大智（3年）、山村 空（1年）［建設システム工学科］

弘法の工房

(123) 舞鶴高専

◎齊藤 タクヤ（4年）、橋本 宗磨、江田 雪乃、鮫島 皓介（1年）［建設システム工学科］

Machino Book Center

(124) 舞鶴高専

河野 奏太、小松 千紗、番場 豊、◎村上 龍紀［建設システム工学科4年］

歴史まち商店街

(126) 松江高専

◎勝部 花歩、佐川 優希［環境・建設工学科4年］

染──街全体で織りなすオリジナルカラー

(127) 都城高専

◎永吉 幸介、佐藤 大誠、丸山 凌佳［建築学科5年］

HIMUKA FOOTBALL PARK

(128) 都城高専

◎西園 哲哉［建築学専攻科1年］／冨永 羽嘉、長友 駆［建築学科5年］

うたかた時──思い出を偲ぶ場所

(129) 米子高専

◎椿 帆乃茄、和田 虎之慎［建築学科5年］

近くの憩い

(130) 米子高専

中山 龍聖［建築学科4年］

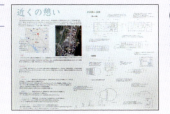

友達100人できるかな？──コミュニケーション能力の開花

(131) 米子高専

◎エルデネースレン・ガントゥルガ、谷口 雅治、金田 廉（5年）、ヤーン・ソンバット（4年）［建築学科］

無人駅の新しい形

(132) 米子高専
大下 歩［建築学科4年］

みらいふぁくとりー

(133) 米子高専
川上 愛可［建築学科4年］

つなぐ —— 歴史を継承する大篠津町駅

(134) 米子高専
木下 佳子［建築学科4年］

一休みの宿

(135) 米子高専
◎松本 夢乃、舩守 望江、小谷 実也［建築学科4年］

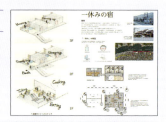

商い＋

(136) 米子高専
◎永友 日向、大下 帆空、西尾 拓朗［建築学科4年］

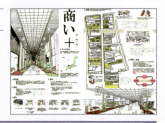

絣塾

(137) 米子高専
河本 幸樹［建築学科4年］

紙の学び舎

(138) 米子高専
◎浪花 泰史、杉岡 広志郎［建築学科4年］

Kiyomizu Temple In The Forest —— 優美たる木々の囁きをここに

(139) 米子高専
◎深田 唯花、山岡 桃子［建築学科4年］

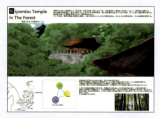

米子を臨む

(140) 米子高専
◎山崎 真皓、渡邉 真帆、濱本 愛衣里［建築学科4年］

相生 —— ガソリンスタンドの再出発

(142) 米子高専
伊藤 寛佳、◎轟木 龍介、八田 真緒、前田 七海［建築学科5年］

荒廃を許容する四畳半 —— 現代のための新土地再生計画

(143) 米子高専
永田 孝一［建築学科5年］

逆ドーナツ化現象 —— 広場の商店

(144) 米子高専
◎小坂 八重子、小西 夏美、本池 紫織（5年）、久城 斗輝央（4年）［建築学科］

都市に建つ大樹

(145) 米子高専
諸江 龍聖［建築学科5年］

都市に蔓延る —— グリッドがもたらす都市のリズム

(146) 米子高専
池本 泰治、◎大本 裕也、小林 大希、西村 亮佑［建築学科5年］

カスタマイズ住宅 —— 仮設住宅を用いた集合住宅の計画

(147) 米子高専
小椋 一麿［建築学科5年］

ここから

(148) 米子高専
宇山 維乃［建築学科4年］

あゆとあゆむ

(149) 米子高専
◎渡下 宗太郎、山脇 亮輔［建築学科4年］

人と繋がる、地域と繋がる、ひろがる輪

(150) 米子高専
門脇 みなみ［建築学科4年］

結

(151) 米子高専
國谷 真由［建築学科4年］

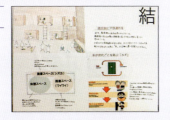

審査員紹介

審査員長

鯵坂 徹
あじさか とおる

建築家、鹿児島大学大学院　教授

1957年	愛知県名古屋市生まれ
1981年	早稲田大学理工学部建築学科卒業
1983年	早稲田大学大学院理工学研究科建設工学専攻修了
1983-2013年	三菱地所株式会社一級建築士事務（現・三菱地所設計）在籍
2013年-	鹿児島大学大学院理工学研究科建築学専攻　教授

主な建築
『イムズ』（1989年／1990年度福岡市都市景観賞）、『三菱（現・三菱UFJ）銀行情報センター』（1993年）、『フェリス女学院大学図書館、7号館、キダーホール』（2001年／第16回AACA賞、2006年度グッドデザイン賞、2007年BCS賞 特別賞、2010年日本建築学会 業績賞）、『重要文化財明治生命館街区再開発』（2004年／第16回AACA賞、2006年度グッドデザイン賞、2007年BCS賞 特別賞、2010年日本建築学会 業績賞）、『フェリス女学院大学緑園体育館』（2005年／2005年神奈川建築コンクール 奨励賞）、『国際文化会館本館再生』（2006年／2007日本建築学会業績賞、第17回BELCA賞、2007年度グッドデザイン賞、日本建築学会 作品選集2008）、『オンワード樫山仙台支店ビル』（2006年／せんだいデザイン・ウィーク大賞、2007年度グッドデザイン賞）、『衆議院新議員会館』（2012年／日本建築家協会 優秀建築選2013）、『明治大学中野キャンパス整備計画』（2013年／日本建築家協会 優秀建築選2014）など
主な展覧会場デザインに、『DOCOMOMO 100選展』（2005年）、『前川國男建築展』（2005年）、『DOCOMOMO Japan 150』（2011年）、『人間のための建築—建築資料に見る坂倉準三展』（2013年）、『建築家・坂倉準三 パリ──東京：生き続ける建築展』（2017年）など

主な活動
日本建築家協会本部再生部会部会長（2001-11年）、日本建築家協会関東甲信越支部都市デザイン部会長（2009-13年）、日本建築学会計画本委員会ワークプレイス小委員会、日本建築学会DOCOMOMO対応委員会、日本建築学会九州支部作品選集委員会、日本建築学会歴史的価値を有する大規模木造宿泊施設の安全性確保特別委員会、日本建築学会都市民会館再生活用計画検討特別委員会、鹿児島県建築士会、日本民俗建築学会、日本オフィス学会、DOCOMOMO International、COMOS 20cなど

小野寺 一彦
おのでら かずひこ

建築家

1957年	北海道大樹町生まれ
1980年	八戸工業大学工学部建築工学科（歴史・意匠）卒業
1980-82年	日本電建　在籍
1982-83年	フジ建築計画設計　在籍
1983-91年	設計工房アーバンハウスを設立
1991年-	有限会社設計工房アーバンハウス　代表取締役

主な建築
『桧山邸』（1997年／快適住宅コンテスト 優秀賞）、『瓜幕保育所』（1998年／第22回建築士事務所全国大会 作品表彰 優秀賞）、『採暖室のある公衆トイレ』（1999年／第23回建築士事務所全国大会 作品表彰 奨励賞）、『帯広市立清川小学校』（設計：創造・アーバン・アルス経常委託JV、2005年／2006年度全国公立学校優良施設表彰 施設計画部門文教施設協会賞）、『風がささやく家』（2008年／第18回トータルハウジング大賞 敢闘賞）など

その他の主な受賞
北方型住宅設計コンテスト 十勝優秀賞「農村住宅」（1991年）、帯広市都市景観賞「建造物部門」（1992年）、豊頃町ドリームタウン集会施設新築工事指名プロポーザル採用（2003年）など

主な寄稿
「北海道・東北路を見て歩こう」（『建築グルメマップ3（北海道・東北編）』、2002年、エクスナレッジ）、『建築考察』（『おびひろの古建築（上・下）』、2012年、北海道建築士会十勝支部帯広分会）、「北の近代建築散歩」（『センターリポート』誌、北海道建築指導センター）など

主な活動
日本建築家協会北海道支部保存再生委員会副委員長、同支部道東地区副委員長、日本建築学会北海道支部歴史意匠専門委員、北海道建築士事務所協会十勝支部理事など

石井 孝行
いしい たかゆき

建築家、月曜塾　代表

1974年	北海道釧路市生まれ
1997年	北海道東海大学卒業
1997-2001年	Arizona Arcosanti Project（アメリカ合衆国アリゾナ州）に参加
2001-06年	柴滝建築設計事務所　在籍
2006年-	武田建築設計事務所　在籍
2014年-	同社　代表取締役
2016年-	日本建築家協会　登録建築家
2017年-	北海道教育大学釧路校　非常勤講師
2018年-	北海道建築士事務所協会釧路支部　副支部長

主な建築
『M邸』（2005年）、『中園の医院&住居』（2009年）、『釧路市立阿寒中学校』（2009年）、『ホロロノアトリエ』（2010年）、『PLAN-10』（2011年）、『釧路市立釧路小学校』（2012年）、『グループホームふみその』（2013年）、『小川水産浜中工場』（2014年）、『Annex Hallみその』（2015年）、『釧路市子育て支援複合施設』（2015年）、『釧路市立学校（6校）施設耐震化PFI事業』（2015-16年／2015年日本トイレ大賞〈内閣官房主催〉）、『ケアハウスやまざくら』（2016年）、『docomoショップ日専連釧路店』（2016年）、『釧路市鳥取南団地A・B棟』（2015-17年）、『釧路建設業協会社屋』（2018年）など

その他の主な受賞
北海道建設部平成25年度優秀業者知事表彰「建築局 委託部門」（2013年）など

主な活動
北海道釧路市で建築設計を専業とする建築士の集まり「月曜塾」の代表として幅広く建築活動（2014年-）に携わる

構造 デザイン部門

課題テーマ
より美しく、より強く

　2015年以来継続してきた、銅を素材とした丈夫で美しい構造の橋の最終決戦。これまでバラエティに富んだ数々の美しい橋が登場してきた。橋本来の機能を考慮した結果、2017年には固定荷重（集中荷重）に加えて移動荷重にも耐える橋を求めたが、今年は、さらに橋の質量の上限を設定する。
　限られた条件の下、固定荷重と移動荷重に耐える「銅」で作った丈夫で美しいブリッジを求める。

本選参加作品	**58**	**タイムライン**
		2018.09.25-09.28　エントリーシート提出
		2018.10.29-11.02　プレゼンテーションポスターのデータの提出
		2018.11.10　仕様確認
		審査員審査
		2018.11.11　耐荷性能試験
		審査員講評

受賞作品　　　6

　　最優秀賞（国土交通大臣賞）
　　　㊹ 米子高専『麗瓏』
　　優秀賞
　　　㊷ 呉高専『思伝一線』
　　優秀賞（日本建設業連合会会長賞）
　　　㊸ 米子高専『流々──ruru』
　　審査員特別賞
　　　㊽ 徳山高専『国土夢想』
　　　⑳ 鹿児島高専『チェストォー橋』
　　日刊建設工業新聞社賞
　　　㉛ 仙台高専（名取）『橋らしい橋を目指して』

49

最優秀賞
国土交通大臣賞

㊸ 米子高専

質量：435.0g　総得点：95.0

麗瓏

◎林 暉（5年）、近藤 瑠星、田口 敦也、野田 夏希、秦 周平、森岡 咲里（4年）[建築学科]
担当教員：北農 幸生[建築学科]

構造デザイン

審査講評

▶山形トラス構造形式[*1]を基本とした下路形式[*2]を採用し、山形トラスの引張材[*3]をレールとして用いている。山形トラスを構成する部材を、最も細い銅線のみを使用したラチス構造形式[*4]の組立材としたことは、軽量化と高強度化への工夫であろう。さらに、張り出し部の構造形式として、曲げ変形[*5]を起こしにくい張弦梁[*7]に放射型の斜張橋[*8]を組み合わせるなどの構造的な工夫も見られ、最優秀賞につながった。　　　　（中澤 祥二）

* 1　山形トラス構造形式：三角形の組合せで構成する部材を上側に出っ張った形状に組み上げた構造形式
* 2　下路形式：主要構造体の下側に砲丸を通す通路（橋桁）がある構造形式。上側にあるのが上路形式
* 3　引張材：引っ張り方向に働く外力のみを負担するトラス材
* 4　ラチス構造形式：2つの平行な部材（弦材）の間を補強材（腹材＝ラチス部材）でジグザグ状につないだ構造方式
* 5　曲げ変形：曲げモーメント[*6]によって生じる変形
* 6　曲げモーメント：力の作用した点や軸を中心に回転する方向に部材を変位させようと作用する力
* 7　張弦梁：圧縮方向に働く力のみ負担する圧縮材と、引っ張り方向に働く力のみを負担する引張材（ケーブル）とを束材を介して結合した混合構造形式である張弦梁構造の梁。アーチ構造などのように大きな水平反力が生じにくい
* 8　斜張橋：橋脚上に設けた塔から斜めに張ったケーブル（斜張弦）を橋桁につないで支える構造形式の橋

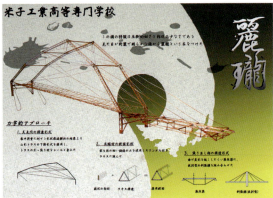

50　デザコン2018 北海道

00 : 数字は作品番号（本書50〜81ページ）

＊本書50〜55、69〜81ページの氏名の前にある◎印は学生代表
＊総得点は、小数点以下第2位を四捨五入
＊総得点が同点の場合は、測定質量の軽い作品が上位

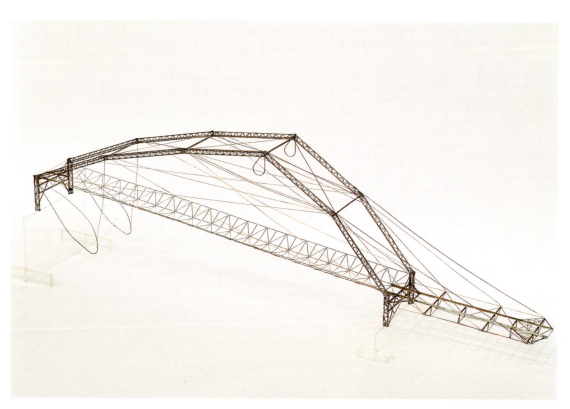

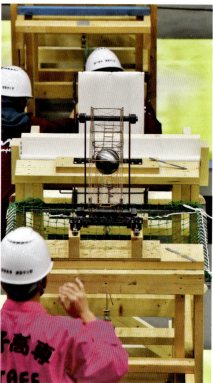

優秀賞

㊷ 呉高専
思伝一線

質量：362.9g　総得点：90.0

◎秋光 大地（5年）、田中 歩希、空 舞花（4年）、栄井 志月、樋口 彰悟（3年）、空 萌花（2年）［建築学科］
担当教員：松野 一成、光井 周平［建築学科］

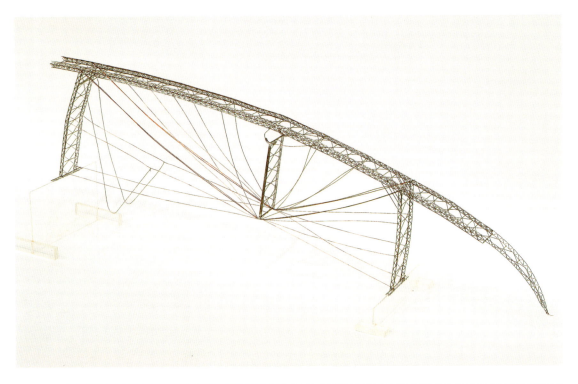

審査講評

▶構造解析を何度も繰り返すことで最適な形状を探索し、アーチ形状ではない上路形式*2を採用している。荷重を支える梁材と砲丸が通るレールを一体化させたラチス構造形式*4の組立材（チューブ構造）を採用し、軽量化と高強度化を実現。また、トラス構造*9部分の銅線の加工と接続をていねいに行なっていた。最軽量でありながら耐荷性能試験をクリアしたことが優秀賞につながった。

（中澤 祥二）

*2　上路形式：本書50ページ註2「下路形式」参照
*4　ラチス構造形式：本書50ページ註4参照
*9　トラス構造：部材を三角形の組合せで構成する構造形式

優秀賞
日本建設業連合会
会長賞

(43) 米子高専

質量：491.3g　総得点：90.0

流々 — ruru

加藤 光佑、年岡 玲央、安田 みのり（5年）、◎但井 秀行、林 聖晃、吉持 雄登（4年）[建築学科]
担当教員：北農 幸生[建築学科]

＊日本建設業連合会会長賞は、第3位の作品に授与

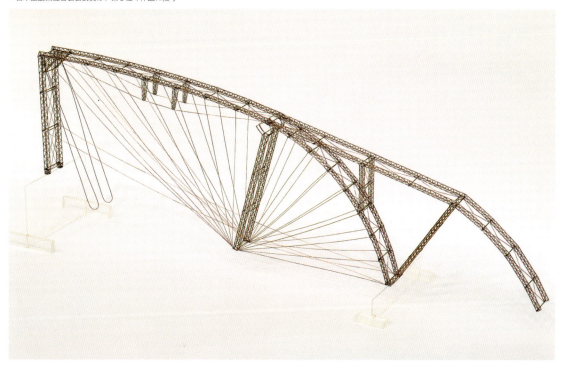

審査講評

▶アーチ形状を基本として一部をレールとする上路形式[*2]を採用。さらに、固定荷重や移動荷重に耐えるための工夫として、張弦梁構造形式[*7]を採用することで曲げ応力[*6]の低減に寄与している。移動荷重の作用する上路部分は三角形断面を有するラチス構造形式[*4]の組立材であり、組立材の製作精度を上げるための工夫やていねいな接合など、細かな作業が随所に見られる。構造の工夫と高い製作精度により強度と軽量化を両立できたことが優秀賞につながった。

（中澤 祥二）

* [*2] 上路形式：本書50ページ註2「下路形式」参照
* [*4] ラチス構造形式：本書50ページ註4参照
* [*6] 曲げ応力：曲げモーメント。本書50ページ註6参照
* [*7] 張弦梁構造形式：本書50ページ註7「張弦梁」参照

53

審査員特別賞

48 徳山高専

国士夢想
（こくしむそう）

質量：770.7g　総得点：84.0

◎貞本 侑香里、河村 篤志（4年）、西川 侑華（3年）、丸岡 紗也、稲田 透直（2年）、内冨 駿仁（1年）[土木建築工学科]
担当教員：海田 辰将 [土木建築工学科]

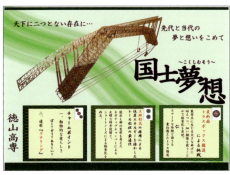

審査講評

▶多角形のアーチ的な構造形式を基本とした上路形式*2を採用。載荷点に生じる大きな曲げモーメント*6に耐えつつ、軽量化を実現するためにラチス部材*4を採用し、スマートな外見と力強さを兼ね備えたトラス構造*9となっている。ラチス構造形式*4の組立材の製作精度の高さ、ていねいな加工と接合が、審査員特別賞につながった。　　　　　　　　　　　（中澤 祥二）

*2　上路形式：本書50ページ註2「下路形式」参照
*4　ラチス部材、ラチス構造形式：本書50ページ註4「ラチス構造形式」参照
*6　曲げモーメント：本書50ページ註6参照
*9　トラス構造：本書52ページ註9参照

審査員特別賞

20 鹿児島高専

チェストォー橋

質量：848.2g　総得点：83.0

◎西原 琢斗、西原 涼平、外薗 侑樹（5年）、榎園 麻実、松木 万奈、松下 静香（4年）[都市環境デザイン工学科]
担当教員：川添 敦也 [都市環境デザイン工学科]

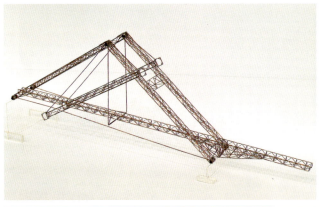

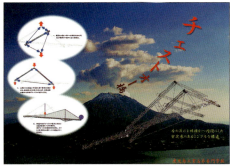

審査講評

▶山形トラス構造形式*1を基本とした下路形式*2を採用。2つの載荷点の間に吊りビーム*10を設け、2点に載荷される荷重を山形トラスの頂点への1点集中載荷になるよう工夫している。また、軌道の曲げモーメント*6が最大となるピン支持*11の左右にハンチ*12を設けて強化するなど、構造上の工夫も見られる。力の流れを明確かつ円滑にしたシンプルな構造を追求していることが、審査員特別賞につながった。　　　　（中澤 祥二）

*1　山形トラス構造形式：本書50ページ註1参照
*2　下路形式：本書50ページ註2参照
*6　曲げモーメント：本書50ページ註6参照
*10　吊りビーム：クレーンなどの荷掛けや荷外しの作業で使われる梁状の吊り材。
*11　ピン支持：水平や垂直方向に移動できないが回転はできる支持（接合）方法
*12　ハンチ：強度を高めるために、梁や床スラブ（水平材）が柱に接する角部分の断面を大きくした部分

日刊建設工業新聞社賞

(31) 仙台高専（名取）

質量：1200.6g　総得点：83.0

橋らしい橋を目指して

◎吉田 晴貴、遠藤 翼、須田 裕人、橋爪 英（5年）、佐藤 慎悟（4年）、釘野 裕大（3年）[建築デザイン学科]
担当教員：飯藤 將之[建築デザイン学科]

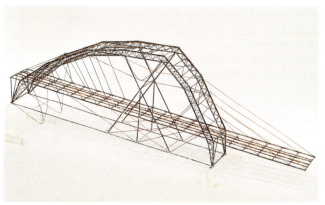

審査講評

▶多トラス構造[*9]橋の考え方を基本とした下路形式[*2]を採用している。固定荷重（集中荷重）に対しては、銅線をラチス構造形式[*4]の組立材として十分な曲げ剛性[*13]を確保すると同時に、立体トラスを形成することで、水平方向の剛性も確保。移動荷重に対しては斜張弦[*8]を用いて張り出し部を支えるなどの構造的な工夫があり、入賞につながった。　　　　　　　　（中澤 祥二）

*2　下路形式：本書50ページ註2「下路形式」参照
*4　ラチス構造形式：本書50ページ註4参照
*8　斜張弦：本書50ページ註8「斜張橋」参照
*9　トラス構造：本書52ページ註9参照
*13　曲げ剛性：梁部材の強さ。曲げ変形（本書50ページ註5参照）のしにくさを示す指標

本選

本選審査総評

国際性と活気に満ちた大会

中澤 祥二（審査員長）

昨年と比べて、より難しい課題に

　今大会の課題テーマは、銅線を素材としたメタルブリッジ（橋梁）を製作して、耐荷性能、デザイン性、質量を競うものである。耐荷性能試験（耐荷性能を競うための競技）において、載荷条件は非対称な定位置への固定荷重（集中荷重）と鋼球（砲丸）による移動荷重である。非対称な固定荷重と移動荷重を受ける銅線を素材としたブリッジという点では昨年と同じだが、今回はブリッジ質量の上限が設けられたことや、ブリッジに「張り出し部」の設置が追加されたことから、より難しい課題となっている。

　審査は、審査得点、競技得点（競技点×係数）、軽量点の合計で評価した。デザイン性、製作や加工上の工夫、プレゼンテーションの内容により、3人の審査員で審査得点を付け、競技点は耐荷性能試験により採点される。競技点に加えて、模型の軽さを競う軽量点も新たに明示されるようになり、軽量かつ載荷条件を満足する模型が高い得点になっていた（本書58ページ表1参照）。

　応募は全部で58作品、その内、仕様確認を通過した57作品が得点を競った。モンゴルから3作品が参加し、国際性と活気に満ちた大会となった。

　応募作品を、構造の形式で大きく分類すると、アーチ[*1]、山形トラス[*2]、ラーメン構造形式[*3]となる。今回の荷重載荷は、非対称な位置に固定荷重が作用することから、非対称な形状の作品も見られた。また、構造解析に基づく最適な形状を求めて高強度化と軽量化を図る作品もあった。

　移動荷重の砲丸を通すレールの位置としては、構造物の上を通す上路形式と構造物の下を通す下路形式がある。昨年は、上路形式を採用した作品は1作品しかなかったが、今年は、数多くの作品が上路形式を採用した。この理由としては、昨年の最優秀賞作品が上路形式を採用していた点、砲丸を所定の「砲丸受け」に入れることを考えた場合、上路形式を用いて砲丸を高い位置から投げ込むことが有効と考えられる点が挙げられる。中には、砲丸の射出速度を考慮して、「張り出し部」に応力が極力作用しないような形状を提案したユニークな作品もあった。

ていねいで緻密な加工が施された作品たち

　製作や加工上の工夫に関しては、ブリッジ（製作物）の素材を銅線として4回めとなることもあり、ていねいで緻密な加工を行なった作品が数多く見られた。多くの作品は軽量化を図るために細い銅線からなるラチス構造形式[*4]の組立材を主要部材として採用した。そして、この組立材を精度よく効率的に加工するための専用治具[*5]の考案がいくつかあった。これに対して、より長くより少ない部材を用いた単純な構造をコンセプトとした作品があった。総重量は、後者のほうがラチス形式の組立材を用いた作品に比べて重くなると考えられるが、製作の省力化、信頼性の向上（部材が少ないため）の観点ではすぐれている。

　耐荷性能試験（競技）では、固定荷重（集中荷重）と移動荷重の載荷を交互に行なう（本書66ページ図4参照）。最初の固定荷重の載荷では10kgf[*6]のおもりを3段階に分けて載荷し、30kgfの載荷状態を10秒間保持する必要がある。次に、質量5kgの砲丸を橋の一端から初速度を与えず投球して、砲丸が止まることなく反対側の「砲丸受け」に到達する必要がある。その後、さらに45kgfまで固定荷重を増加させた状態で、再度、砲丸を通過させなければならない。これをクリアすると競技点で60満点が得られる。

　なお、途中で砲丸が落下した場合や砲丸が軌道内で止まった場合、「砲丸受け」に入らなかった場合は、移動荷重に耐えられなかったものと判断され、0点となる。

　今年は1／3以上（20作品）が耐荷性能試験の最終段階までをクリアした。残念ながらクリアできなかった作品の中には、構造的にすぐれたコンセプトを有する作品、軽量化を意識するあまり過小な断面となった作品もあった。

ブリッジの軽量化が高得点につながる

　今回は、ブリッジの軽量点が明確化し、軽量順で上位10作品に得点が入った。最優秀賞、優秀賞の3作品はすべて質量500g以下の作品であり、いずれも軽量点を得ている。この3作品が強度があるだけでなく、軽量な作品であることがうかがえる。軽量な作品は、構造的な合理性を有し、製作や加工上の工夫があり、精密に製作や加工を行なったものが多く、デザイン性や製作・加工上の工夫の評価を対象とした審査得点が高くなるという傾向があった。

　非対称な荷重と砲丸による移動荷重を受けるブリッジの製作は、試行錯誤や創意工夫を要する課題であっ

たと思うが、参加作品に携わった学生たちは、このデザコンを通じてチームワークの大切さを知る貴重な経験ができたのではないかと考えている。

註
*1 アーチ：アーチ構造形式。アーチ形に部材を組み上げた構造形式。
*2 山形トラス：山形トラス構造形式。本書50ページ註1参照。
*3 ラーメン構造形式：直方体に組まれた垂直材（柱）と水平材（梁）を剛接合した構造形式。
*4 ラチス構造形式：本書50ページ註4参照。
*5 治具：加工したり組み立てる時、部品や工具の作業位置の指示や誘導に使う器具の総称。
*6 kgf：重量キログラム。重さ、重力、力、荷重など物体にかかる力を表す単位。地球上では、10kgfは10kgの物体にかかる力（重力）。

本選

表1 総合順位

作品番号	作品名	高専名(キャンパス名)	審査得点[30点]	競技点[60点]	係数	競技得点[60点]	質量(g)	軽量点[10点]	総得点[100点]	順位	受賞
44	麗瓏	米子高専	26	60	1	60.00	435.0	9	95.0	1	最優秀賞*1
42	思伝一線	呉高専	23	60	0.95	57.00	362.9	10	90.0	2	優秀賞
43	流々	米子高専	26	60	1	60.00	491.3	4	90.0	3	優秀賞*2
48	国土夢想	徳山高専	27	60	0.95	57.00	770.7		84.0	4	審査員特別賞
20	チェストォー橋	鹿児島高専	23	60	1	60.00	848.2		83.0	5	審査員特別賞
31	橋らしい橋を目指して	仙台高専(名取)	23	60	1	60.00	1200.6		83.0	6	日刊建設工業新聞社賞
12	Bessi	新居浜高専	21	60	1	60.00	597.9	1	82.0	7	
47	Center of the Arch	国際高専	22	60	1	60.00	1083.5		82.0	8	
25	津軽海橋	八戸高専	22	60	1	60.00	1397.8		82.0	9	
45	GEOMEDIATE BRIDGE	秋田高専	21	60	1	60.00	684.8		81.0	10	
53	結空	石川高専	20	60	1	60.00	757.9		80.0	11	
02	荷重にコミットⅢ	和歌山高専	20	60	1	60.00	1302.7		80.0	12	
23	ナルニーフセリーン橋	新モンゴル高専	20	60	0.95	57.00	574.4	2	79.0	13	
51	BE KOBE	神戸市立高専	19	60	1	60.00	1335.8		79.0	14	
27	Reinforce Seekers	小山高専	23	50	0.95	47.50	458.7	8	78.5	15	
01	アルマジロ	和歌山高専	18	60	1	60.00	1317.9		78.0	16	
50	仁	神戸市立高専	21	60	0.95	57.00	1336.6		78.0	17	
17	かまぼこ	阿南高専	21	60	0.95	57.00	1373.4		78.0	18	
56	金環食橋	苫小牧高専	20	60	0.95	57.00	1268.2		77.0	19	
18	トラペゾイドC	阿南高専	18	60	0.95	57.00	1415.4		75.0	20	
04	「へ」ばしde再会	岐阜高専	18	60	0.95	57.00	1420.0		75.0	21	
06	樋貫	福井高専	24	50	1	50.00	755.0		74.0	22	
36	嶺	都城高専	22	50	1	50.00	897.2		72.0	23	
46	しったげつええ鋼	秋田高専	26	40	1	40.00	490.9	5	71.0	24	
19	不屈	呉高専	22	45	1	45.00	550.3	3	70.0	25	
08	皆紅の扇	明石高専	20	50	1	50.00	1272.0		70.0	26	
13	天馬	新居浜高専	19	50	1	50.00	623.4		69.0	27	
32	内剛外柔	仙台高専(名取)	23	45	1	45.00	929.0		68.0	28	
24	虹のゲート	新モンゴル高専	20	50	0.95	47.50	800.0		67.5	29	
03	でんでんばし	岐阜高専	24	45	0.95	42.75	1191.2		66.8	30	
05	鱗	福井高専	19	50	0.95	47.50	649.9		66.5	31	
09	三角君	釧路高専	20	45	1	45.00	1228.4		65.0	32	
58	KAMEBASHI	モンゴル高専	22	45	0.95	42.75	1038.8		64.8	33	
52	いーじーぶりっじ	石川高専	24	40	0.95	38.00	866.6		62.0	34	
22	継橋開来	福島高専	21	40	1	40.00	1202.5		61.0	35	
34	鍛弾	松江高専	20	35	0.95	33.25	467.9	7	60.3	36	
55	舞物語	舞鶴高専	21	30	0.95	28.50	489.1	6	55.5	37	
16	武蔵 MUSASHI Mark-Ⅱ	群馬高専	20	35	0.95	33.25	896.0		53.3	38	
54	チャレンジ1ねんせい	舞鶴高専	18	35	1	35.00	913.3		53.0	39	
38	浪華八百八橋	大阪府立大学高専	24	30	0.95	28.50	1293.2		52.5	40	
28	システマ	近畿大学高専	23	30	0.95	28.50	679.0		51.5	41	
41	信濃の国	長野高専	19	30	1	30.00	1002.1		49.0	42	
49	千絆要	徳山高専	28	20	1	20.00	600.1		48.0	43	
39	菖蒲	豊田高専	19	30	0.95	28.50	1156.5		47.5	44	
29	渡る世間は橋ばかり	近畿大学高専	18	30	0.95	28.50	1122.3		46.5	45	
07	Treillis	明石高専	16	30	1	30.00	1170.5		46.0	46	
57	弧格橋	有明高専	23	20	1	20.00	682.3		43.0	47	
21	Mr. & Mrs. Mountain	福島高専	21	20	0.95	19.00	929.2		40.0	48	
37	哲矢	大阪府立大学高専	20	20	1	20.00	1216.9		40.0	49	
35	深山	都城高専	21	20	0.95	19.00	1382.5		40.0	50	
26	都	東京都立産業技術高専(品川)	20	20	0.95	19.00	1130.0		39.0	51	
14	ATLAS	サレジオ高専	19	20	0.95	19.00	1445.1		38.0	52	
33	想努橋	松江高専	22	10	0.95	9.50	748.1		31.5	53	
11	SKO30	香川高専(高松)	17	10	0.95	9.50	1498.0		26.5	54	
10	鶴橋	釧路高専	20	0	0.95	0	934.6		20.0	55	
15	#archrailway	群馬高専	20	0	0.95	0	1496.9		20.0	56	
40	アルプス橋	長野高専	14	0	0.95	0	1093.9		14.0	57	
30	帝	高知高専	14	10	0.95	―	1555.4		―	―	

註 *1：国土交通大臣賞　*2：日本建設業連合会会長賞
＊係数：載荷装置への設置時間制限規定に関する係数。90秒を超えた作品は、競技点に0.95を乗じる。
＊軽量点：軽量順で上位10作品に得点。1位：10点、2位以降は1点ずつ減じた点数。製作物を載荷装置にセットし耐荷性能試験に入る前に変形量が100mmを超えた作品は対象外
＊競技得点＝競技点×係数　　＊総得点＝審査得点＋競技得点＋軽量点　　＊総得点は、小数点以下第2位を四捨五入
＊総得点の高い作品から順に上位とする　　＊総得点が同点の場合は、測定質量の軽い作品を上位とする
＊作品番号30は規格外により失格のため、競技には参加させたが、審査の対象外　　＊表中の作品名は、サブタイトルを省略

本選審査経過

銅製ブリッジの最終決戦
仕様確認では、まさかの規格外続出

企画：
「張り出し部」の付加と「質量制限」を追加

註
*1 載荷治具：本書57ページ註5、66ページ図2参照

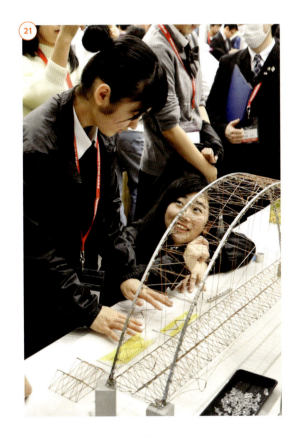

　2015年の和歌山大会以来、「銅」を素材とするブリッジ（製作物）を作ってきた。昨年（2017年）の岐阜大会での課題テーマは、固定荷重（集中荷重）と合わせて移動荷重にも耐えるブリッジ、と難易度が高まった。しかし一方で、既存の載荷装置を使用できる競技方法、銅を素材として移動荷重にも耐える得る構造体という条件によって、応募作品は一定の構造形式に収束しつつある状況だった。

　2018年北海道大会にあたって、課題テーマとするブリッジの素材と耐荷性能試験（競技）での載荷方式を検討した。具体的には、素材を銅以外に変更することも見据えつつ、現在ある載荷装置を使用して可能な載荷方法、載荷形式（固定荷重、移動荷重）、銅素材のブリッジによる競技内容のバリエーションが検討された。その結果、銅素材の構造体についてもまだやり残している課題がある、ということになり、素材は引き続き銅だが、今年はブリッジへの「張り出し部」の付加と「質量制限」を追加して、競技内容を構成した。

　載荷形式（固定荷重、移動荷重）は2017年岐阜大会と同様だったため、昨年の応募作品に多かった載荷治具*1の取付け位置の不具合は減少するものと見込まれた。しかし、「張り出し部（片持ち梁）」をどのように作成するのか、には心配が残った。特に今年は質量制限を設定しているので、ただやみくもに補強すればいいわけではない。質量が大きくなってしまうからだ。より効率的に補強しながら安全に載荷できる方法、構造体にすることが求められる。学生たちの柔軟な発想と、これまで培ってきた加工技術に期待した。

59

本選

仕様確認：
規格外が続出、会場が修正作業場に

　仕様確認は予定通り12:30より開始。今年は作品番号順に実施し、「銅線の太さや加工状況」「製作限界と載荷位置」「質量測定」という3段階のステップでブリッジの仕様を確認した。「製作限界と載荷位置」段階の「載荷位置」まではスムーズで、ほとんどのブリッジがクリアしたが、「張り出し部」の不足により「製作限界」に不適格となったブリッジが続出するという予期せぬトラブルが発生してしまった。

　募集要項と質疑応答を熟読すれば理解できるはずだから、本来であれば、現場でのブリッジの修正は認められないところだが、今回はあまりに多数（2／3程度）の作品が不適格だったため、特別に「張り出し部」の修正を認めた。そして、「製作限界」の確認段階で不適格だった場合、即座に修正作業に入ってもらうこととした。その結果、ブリッジの修正作業のために、次の「質量測定」の段階に進めない作品が大量に出て、仕様確認が進まないという事態になってしまった。1回の仕様確認でクリアしたブリッジが26作品。1回めが不適格ながら、修正を終えたブリッジで2回めの仕様確認に挑んでクリアしたのは24作品だった。2回めでもクリアできず、さらに修正し、3回めでようやくクリアしたブリッジが7作品もあった。このため、仕様確認に時間がかかり、予定時間を大幅に超過。18:00にようやく終了した。

　なお、追加作業を認めたおかげで、すべてのブリッジが「製作限界」の規定をクリアすることができたが、一方で「質量測定」において「質量制限」の1.5kgを超過したブリッジが1作品だけ発生した。想定していなかっただけに、なぜこのようなことが起こったのか、理解に苦しんだが、この1作品は残念ながら、仕様確認で不適格となった。

07

51

58

審査員審査：
4年めならではの完成度の高さ

　予定では仕様確認終了後、14:00より審査員審査の開始であったが、仕様確認が大幅に長引いたため、仕様確認がある程度終了した15:00頃より審査員審査に取りかかることにした。今年は作品番号順に、仕様確認をクリアしたブリッジから順次、審査を行なった。
　審査員3人が一緒に各作品の展示スペースを巡回し、各作品ごとに参加学生1人が対応。ブリッジの工夫点やデザイン性についての学生の「プレゼンテーション1分」と「質疑応答30秒」を通して審査された。審査員たちは、ブリッジの設計主旨、構造、デザイン性などについて独自の観点での審査をもとに、審査得点を付けていった。銅を素材とした課題テーマは4年めで、学生たちに経験の蓄積があるため、昨年以上にていねいで緻密な加工を施したブリッジが多く、中には軽量化のための工夫を凝らしたブリッジも見られた。

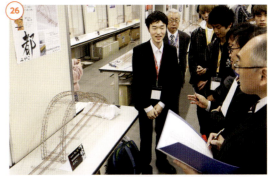

本選

耐荷性能試験（競技）：
１／３が難関の全行程をクリア

註
*2 kgf：本書57ページ註6参照
*3 上路形式：本書50ページ註2「下路形式」参照

構造デザイン

耐荷性能試験に先立つオリエンテーションで、載荷装置と耐荷性能試験の進め方を説明した。この時、「『砲丸受け』のイメージが募集要項に示されたものとは違う」との指摘を受けたため、専門員と協議した結果、参加者の了承を得た上で、その場で対応可能な方法により「砲丸受け」を再設置することになった。この設置作業のため開始時刻が予定より30分ほど遅れ、9:30頃より耐荷性能試験を開始した。なお、仕様確認で不適格となった質量オーバーのブリッジは、耐荷性能試験への参加を許可したが、記録は得点対象外とした（本書58ページ表1参照）。

最初にブリッジと載荷治具を載荷装置に設置。ブリッジに固定荷重（集中荷重）として10kgf*2のおもりを載荷した後、10秒間の耐荷状態を確認し、さらに10kgfのおもりを載荷。最終的に30kgfまでおもりを載荷する。最初の10kgfに成功すれば10点、次の10kgfが成功して20点、30kgf成功で30点となる。

次に移動荷重としてブリッジ上に質量約5kgの砲丸を転がし、途中で止まることなく「砲丸受け」に入った状態で載荷成功とし、ここで35点となる。続いて、ブリッジに再び固定荷重としておもりを5kgfずつ3回載荷し、45kgfまでの載荷に成功すれば50点となる。最後に再度、移動荷重としてブリッジ上に砲丸を転がし、成功すれば60点満点を獲得できる（本書66ページ図4参照）。ここまで成功し、競技点60点を獲得したのは20作品で、全体の１／３強のブリッジが壊れることなく競技を終えることができた。

今年は「張り出し部」側に「砲丸受け」があるため、比較的高い位置から砲丸を転がす上路形式*3のブリッジが多かった。失敗した際、高い位置から砲丸が落下するとダメージが大きくなるため、途中で落下した場合の安全対策に十分な注意を払い、載荷装置の周囲の床にマットを敷き詰めた。ブリッジが横倒しになることも心配していたが、それほど大胆に壊れる事例は見られなかった。

耐荷性能試験は、仕様確認でのブリッジの測定質量の大きい順に、4台の載荷装置で同時に行なった（表2参照）。各回ごとにすべての載荷が終了した段階で、各作品へのインタビューを実施。ブリッジのコンセプトや競技に対する感想を披露してもらった。それぞれの思いや、一生懸命取り組んできたことが伝わるコメントが多かった。

表2 耐荷性能試験(競技)の載荷順

載荷順	載荷装置A 作品番号	高専名(キャンパス名)	作品名	載荷装置B 作品番号	高専名(キャンパス名)	作品名	載荷装置C 作品番号	高専名(キャンパス名)	作品名	載荷装置D 作品番号	高専名(キャンパス名)	作品名
①	30	高知高専	帝	11	香川高専(高松)	SKO30	15	群馬高専	#archrailway	14	サレジオ高専	ATLAS
②	04	岐阜高専	「へ」ばしde再会	18	阿南高専	トラペゾイドC	25	八戸高専	津軽海橋	35	都城高専	深山
③	17	阿南高専	かまぼこ	50	神戸市立高専	仁	51	神戸市立高専	BE KOBE	01	和歌山高専	アルマジロ
④	02	和歌山高専	荷重にコミットⅢ	38	大阪府立大学高専	浪華八百八橋	08	明石高専	皆紅の扇	56	苫小牧高専	金環食橋
⑤	09	釧路高専	三角君	37	大阪府立大学高専	哲矢	22	福島高専	継橋開来	31	仙台高専(名取)	橋らしい橋を目指して
⑥	03	岐阜高専	でんでんぱし	07	明石高専	Treillis	39	豊田高専	菖蒲	26	東京都立産業技術高専(品川)	都
⑦	29	近畿大学高専	渡る世間は橋ばかり	40	長野高専	アルプス橋	47	国際高専	Center of the Arch	58	モンゴル高専	KAMEBASHI
⑧	41	長野高専	信濃の国	10	釧路高専	鶴橋	21	福島高専	Mr. & Mrs. Mountain	32	仙台高専(名取)	内剛外柔
⑨	54	舞鶴高専	チャレンジ1ねんせい	36	都城高専	嶺	16	群馬高専	武蔵 MUSASHI Mark-Ⅱ	52	石川高専	いーじーぶりっじ
⑩	20	鹿児島高専	チェストォー橋	24	新モンゴル高専	虹のゲート	48	徳山高専	国土夢想	53	石川高専	結空
⑪	06	福井高専	樋貫	33	松江高専	想努橋	45	秋田高専	GEOMEDIATE BRIDGE	57	有明高専	弧格橋
⑫	28	近畿大学高専	システマ	05	福井高専	鱗	13	新居浜高専	天馬	49	徳山高専	千絆要
⑬	12	新居浜高専	Bessi	23	新モンゴル高専	ナルニーフセリーン橋	19	呉高専	不屈	43	米子高専	流々
⑭	46	秋田高専	しったげつえぇ錮	55	舞鶴高専	舞物語	34	松江高専	鍛弾			
⑮	27	小山高専	Reinforce Seekers	44	米子高専	麗瓏	42	呉高専	思伝一線			

註 ＊各載荷台ごとに、仕様確認での作品質量の大きなものから順に載荷
　＊表中の作品名は、サブタイトルを省略
　＊表中の作品番号は、載荷の全過程をクリア

本選

審査員講評：
軽量化と強度のバランスが勝敗を分けた

　今回の課題テーマのコンセプトは、ブリッジに質量制限のある中で、いかに「張り出し部」の剛性（外力に耐える強さ）を確保し、安全に移動荷重に耐えるか、にあった。しかし、「張り出し部」の長さが規定寸法に不足していても、砲丸が「砲丸入れ」に入ればよい、と理解してしまった参加学生がかなりの数いて、それが仕様確認に手間取る要因となった。

　なお、質量制限を設けると同時に、軽量順上位10作品に軽量点を与えたことから、軽量点と審査得点の獲得をめざして構想、製作した作品が上位に並んでいる。最優秀賞の米子高専『麗瓏』[44]は435.0gで軽量点9点、優秀賞の呉高専『思伝一線』[42]は362.9gで最軽量の10点、同じく優秀賞の米子高専『流々』[43]も491.3gで軽量点4点を獲得している（本書58ページ表1参照）。また、耐荷性能試験（競技）で全荷重の載荷をクリアした20作品のうち6作品が軽量点を獲得しており、軽量化と強度のバランスを上手にとれた作品が上位を占めることとなった。一方、構造形式で見ると、全体の傾向と同様、アーチ構造、山形トラス構造をはじめ、厳密な構造計算に基づき構造形式を決めた作品が上位に入った。また、アーチ構造形式は、基本形からアーチ構造を基礎とし変形させたものまでバリエーションに富み、設計能力の向上が伝わってきた。

　また、すべての固定荷重（集中荷重）、移動荷重の載荷をクリアした作品（競技点60点）は20作品（本書63ページ表2参照）で、仕様確認を通過した57作品中35％が壊れることなく耐荷性能試験を終了した。1回めの移動荷重の載荷までクリアできた作品は38作品と67％の成功率であった。

　質量制限と「張り出し部」の製作という、新たに追加された課題をどのようにクリアするのか、が見所だったが、主催側の期待に応え、これまでの経験を踏まえ、個性豊かな作品が集まった。海外からの参加も増え、モンゴルの2校から3作品の参加を得ることができた。昨年を超える多数の作品が釧路の地に集まり、盛大な大会になったことに感謝し、まとめとしたい。　　　（下夕村 光弘　苫小牧高専）

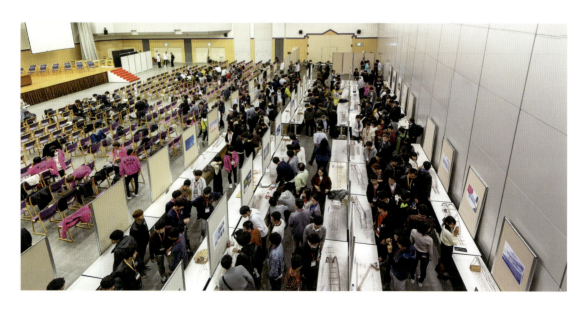

構造デザイン部門応募要項と競技内容（要約）

ブリッジ（製作物）の設計・製作条件

1. 構造形式
単純支持形式の構造体

2. 載荷条件
固定荷重（集中荷重）に加え、移動荷重も与える載荷方式
固定荷重：ブリッジを載荷装置に載せ、ブリッジの左右非対称の位置に作用する載荷方式を固定荷重とする。順次、おもりを作用させる（図4参照）。
製作限界内のSa点に径22φの丸鋼を通し、その両端に外側から載荷治具（図2参照）を組み込み、丸鋼の両端にナットを取り付け、製作限界幅200mmを確保する。Sb点でも同様にし、載荷治具の他端同士をSc点で径22φの丸鋼を通してその両端にナットを取り付ける。このSc点を通す丸鋼の中央に付いた吊りピースに載荷ワイヤ先端のフックをかけることにより荷重を載荷する（図1参照）。
移動荷重：ブリッジ上に質量約5kgの鋼球（砲丸）を通過させた移動荷重が2回作用する

3. 支持条件
ブリッジを載せることができる支持部はRa点、Rb点の2カ所（図1、図3参照）
①Ra点：水平方向の移動が固定された「ピン支持」
②Rb点：リニアガイド（ミスミ製SXR28）を組み込んで水平方向に移動可動な「ローラー支持」

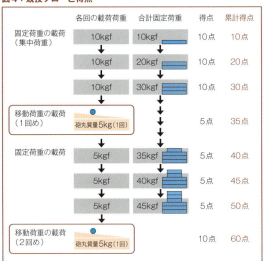

図4：競技フローと得点

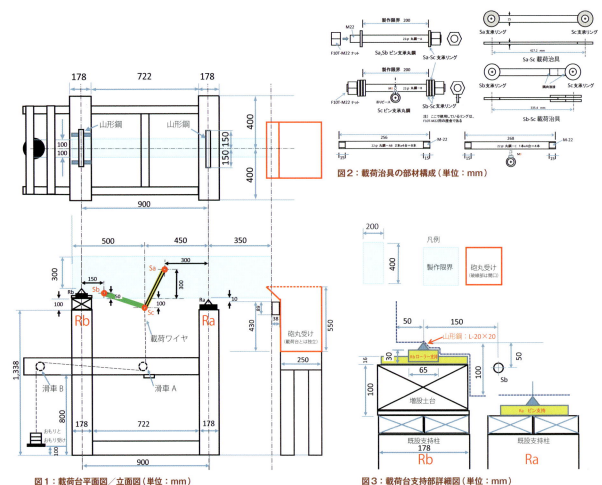

図1：載荷台平面図／立面図（単位：mm）

図2：載荷治具の部材構成（単位：mm）

図3：載荷台支持部詳細図（単位：mm）

載荷台へのブリッジ設置の際、ブリッジは以下の部分で、支点（構造物を支える点）と接することができる（図3参照）
①Rb点：支持部の直角二等辺三角形（1辺20mm）の山形鋼頭頂部のみ
②Ra点：山形鋼頭頂部に加え、ストッパーを山形鋼の支点間内の側面だけに当たるように設置可
③載荷により製作物が変形した場合は、山形鋼の他の面に接触しても構わない

4. 寸法
ストッパーを除き、図1に示す製作限界内に収まる寸法。支点間の水平スパン長900mm、350mmの張り出し部を有する単純支持構造形式の構造体（ブリッジ）

5. 質量
ブリッジの質量は1.5kg以下

6. 使用材料部
①使用可能な材料は、銅線とハンダ*1
②銅線は充実円形断面を持ち、「銅線」「銅針金」「正銅ワイヤ」「正銅針金」のいずれかの表記で販売されているもの
③銅線の径は番手#10～#22で、いかなるメッキ、塗装も施されていないもの
④黄銅製、青銅製、鉄線に塗装を施した銅線は使用不可
⑤ハンダの錫と鉛の配合比率は自由

7. 部材の加工・接合
①銅線については、板状に薄く伸ばす加工以外の加工は可能。ただし、旋盤やフライス盤の使用、銅線の溶融や鋳造は不可。なお、タップ、ダイスを用いた手作業でのネジの作成は可（上記**6.**に示す銅線のみ使用可）
②部材同士の接合はハンダ付けのほか、上記の規格を満たす銅線を用いて緊縛しても構わない
③ブリッジの全表面がハンダで覆われている場合、「仕様確認」で部分的に研磨して確認する場合がある

8. 初期荷重
載荷治具、スプリングフック、載荷ワイヤ、砲丸受けなどの総質量約7kgが初期荷重として作用するが、耐荷重には含めない

競技内容

ブリッジを製作し、その耐荷性能を競う

● 競技＝耐荷性能試験

1. 載荷順
仕様確認の際に計測した質量の重い順に、4台の載荷装置を使い4組のブリッジに同時に載荷する（本書63ページ表2参照）

2. 載荷装置への設置
①ブリッジの載荷台への設置は「設置開始」の合図から90秒以内に完了すること
②載荷治具の設置を完了した時点で手を挙げ、競技審判に設置完了の合図をすること
③時間内に設置が完了しない場合は、競技点に係数0.95を乗じた値を競技得点とする
④設置完了後、競技審判が載荷条件を満たしているかを確認する。確認完了後、載荷競技を開始

3. 載荷の工程
①初期荷重は10kgf*2。30kgfまで10kgf刻みで順次、おもりを載荷（図4参照）
②固定荷重30kgf載荷後、1回めの移動荷重を載荷
③移動荷重の載荷後、45kgfまで5kgf刻みで順次、おもりを載荷
④固定荷重45kgf載荷後、2回めの移動荷重の載荷
⑤各載荷段階では、載荷後の耐荷状態（載荷位置での変形量が100mm以内に収まっている状態）を10秒間確認後、次の載荷に移る

4. 移動荷重の載荷
①固定荷重で30kgf、45kgfを載荷した後、移動荷重を各1回ずつ載荷
②載荷方法は、質量約5kg、直径約107mmの砲丸をRb点の位置（高さ方向は不問）から素手で初速を与えずに転がす
③砲丸が途中で止まることなく、張り出し部の直下にある砲丸受けに入ったら成功

5. 競技の継続不能状況
以下のいずれかの状況に至った時は競技を終了。その直前段階までの耐荷力、規定の得点とする（図4参照）
①砲丸受けがステージ上の防振マットに接触した場合（100mm以上の変形量が生じた場合）
②ブリッジが支点部の山形鋼（図3参照）以外に接触した場合
③砲丸が軌道から落下した場合
④砲丸が軌道内で止まった場合
⑤砲丸が砲丸受けに入らなかった場合

審査方法

「審査員審査」「耐荷性能試験」を通して、製作されたブリッジの耐荷性能、質量の小ささ、デザイン性などを競う。応募作品（ブリッジ〈製作物〉、プレゼンテーションポスター）は、①審査得点、②競技得点、③軽量点を合算した④総得点（100点満点）により評価する
①審査得点
審査員審査における審査基準に基づく評価点（30点満点）。審査員は各作品の展示（ブリッジ〈製作物〉、プレゼンテーションポスターなど）を巡回し、設計主旨、構造、デザイン性などについて、各作品の代表学生1人*3との質疑応答（学生の説明1分以内、質疑応答30秒以内）を通して審査。審査得点は競技（耐荷性能試験）前は非公開、各作品の得点を該当者のみに伝達
②競技得点
以下の2つを合算した競技点に係数を乗じる
固定荷重：耐荷荷重のkgf数を点数とする。45点満点
移動荷重：固定荷重の30kgf、45kgf載荷後の2回の移動荷重が成功した場合、それぞれ5点、10点。15点満点

競技得点＝（固定荷重得点＋移動荷重得点）×係数
**　　　　＝競技点×係数**

＊係数：載荷装置への設置時間制限規定に関する係数。90秒を超えた作品は、競技点に0.95を乗ずる。

③軽量点
ブリッジの軽量順で上位10作品に与える。1位作品に10点、2位以降は1点ずつ減じた点数（10位＝1点）
ブリッジを載荷装置にセットし、耐荷性能試験に入る前に100mm以上の変形量が生じた場合は軽量点の対象外
④総得点
審査得点と競技得点と軽量点を合計した総得点（下記の計算式参照）の高い作品から順に上位として順位をつける。総得点が同点の場合は、測定質量の軽い作品を上位とする

総得点（100点満点）＝審査得点＋競技得点＋軽量点

＊総得点は、小数点以下の第2位を四捨五入し、小数点第1位で表記

註
＊1　ハンダ：主に金属の接合に使われる合金
＊2　kgf：本書57ページ註6参照
＊3　代表学生1人：審査中は各作品前にエントリーした学生の内1人が常時待機

開催概要

構造デザイン部門概要

【課題テーマ】 より美しく、より強く

【課題概要】
2015年和歌山大会より銅を素材とし、丈夫で美しい構造のブリッジ(橋梁)が製作されてきた。2017年の岐阜大会ではブリッジ本来の機能を考慮した結果、固定荷重(集中荷重)のみならず移動荷重にも耐える美しいブリッジという課題に発展。より軽量化したスレンダーな作品から重量級の作品まで、バラエティに富んだブリッジが製作された。今年は、ブリッジ質量の上限を新たに設定。限られた条件の下、固定荷重と移動荷重に耐える「銅」で作る丈夫で美しいブリッジの製作を目標とする。

【審査員】 中澤 祥二(審査員長)、岩崎 英治、伊藤 晃

【応募条件】
個人または6人以内のチームによるもの(登壇者:仕様確認は人数不問、審査員審査1人、競技3人以内)。1人1作品、各校2作品まで。同一高専で同形・同一コンセプトの製作物は認めない。他部門への参加不可

【応募数】 58作品(318人、35高専)

【応募期間】
質疑期間:2018年4月16日(月)～23日(月)
質疑回答:2018年5月中旬よりHPにて公開
エントリシート提出期間:2018年9月25日(火)～28日(金)
プレゼンテーションポスターのデータ提出期間:
2018年10月29日(月)～11月2日(金)

【事前提出物】
エントリシート:
学校名、作品名、コンセプト、チームメンバー氏名、学科名、学年、指導教員氏名など
プレゼンテーションポスター(右記「本選提出物」②)のPDFデータ

本選審査

【日時】 2018年11月10日(土)～11日(日)

【会場】
釧路市観光国際交流センター 大ホールB(展示、審査員審査)、メインステージ(仕様確認、耐荷性能試験)

【本選提出物】
① ブリッジ(製作物):指定どおりのもの。質量は1.5kg以下とする(本書66～67ページ参照)
② プレゼンテーションポスター:学校名、作品名、コンセプト、ブリッジ(製作物)の写真、アピールポイントを記載(A2判サイズ〈横向き〉1枚、パネル化不要)

【審査過程】
参加数:58作品(318人、35高専)
日時:2018年11月10日(土)
① 仕様確認   12:30～18:00
② 審査員審査 15:00～18:30
日時:2018年11月11日(日)
③ 競技=耐荷性能試験 9:30～12:00
④ 成績集計と審査 12:00～14:00
⑤ 審査員総評 14:00～14:30

| 本選52作品

*本書69〜81ページの氏名の前にある◎印は学生代表
*総得点は、小数点以下第2位を四捨五入
*総得点が同点の場合は、測定質量の軽い作品が上位
*カタカナ表記の外国人学生名は、(姓)・(名)で表示。アルファベット表記の場合は本人の申告通りに記載、(　)内は愛称

⓪：数字は作品番号

---

⑫ 新居浜高専

Bessi ── あかがねの街　新居浜

質量：597.9g　総得点：82.0

◎田坂勇斗、
アイマン=シャミム=ビン・ズルカイリ、
山田 晋輔、鈴木 千晶［機械工学科5年］
担当教員：谷口 佳文［機械工学科］

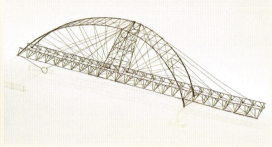

㊼ 国際高専

Center of the Arch

質量：1083.5g　総得点：82.0

◎甲斐 未森、神代 竜吉、中村 徹太、
永村 龍之介、吉村 拓也［機械工学科5年］
担当教員：金井 亮［機械工学科］

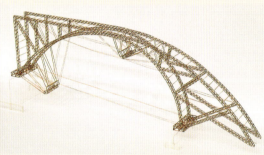

㉕ 八戸高専

津軽海橋

質量：1397.8g　総得点：82.0

◎会津 優、赤坂 健太、小笠原 舜太、
間木 大幹、畠山 拓也［建設環境工学科
5年］／畠山 櫻子［産業システム工学科
環境都市・建築デザインコース1年］
担当教員：丸岡 晃［産業システム工学科
環境都市・建築デザインコース］

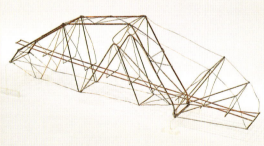

㊺ 秋田高専

GEOMEDIATE BRIDGE

質量：684.8g　総得点：81.0

田口 元香［環境システム工学専攻専攻
科1年］／◎中塚 大雅（4年）、
北嶋 春香（3年）［環境都市工学科］／
小林 葵、三浦 奏大［創造システム工学
科土木・建築系2年］／鎌田 大輝［創造
システム工学科1年］
担当教員：鎌田 光明［創造システム工学
科土木・建築系］

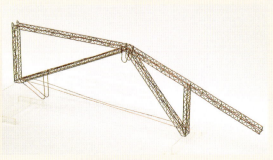

本選

本選 52 作品

構造デザイン

㊹ 石川高専

結空

越森 慧音［環境建設工学専攻専攻科2年］／◎内井 一茶、永源 北斗、思川 奈津美、東 凌雅、Adiya Manlaibaatar［建築学科4年］
担当教員：船戸 慶輔、本間 小百合［建築学科］

質量：757.9g　総得点：80.0

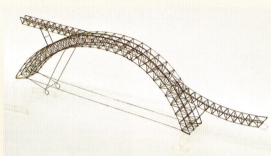

㊷ 和歌山高専

荷重にコミットⅢ
── レンズの構造により圧縮に強い橋に

◎西尾 啓介、森脇 佑太、田邉 陽暉（4年）、中西 亜実、大久保 花恋（3年）、妻木 優弥（2年）［環境都市工学科］
担当教員：辻原 治、山田 宰［環境都市工学科］

質量：1302.7g　総得点：80.0

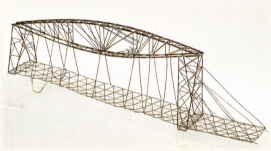

㉓ 新モンゴル高専

ナルニーフセリーン橋

◎アルスラン・ウイルスバト、バトドルジ・バトトルガ、ダワーオチル・マラルマー、トンガラク・ニンジン、エンフタイワン・テムーレン（5年）、バトトゥムル・チンバト（4年）［土木建築工学科］
担当教員：バヤルサイハン・ナランバータル、綿貫 久［土木建築工学科］

質量：574.4g　総得点：79.0

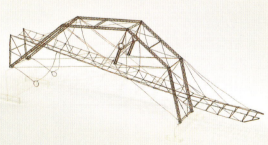

㊶ 神戸市立高専

BE KOBE

◎木佐貫 康貴、木下 瑠貴也、内藤 秀哉（4年）、仲原 恒太（2年）［都市工学科］
担当教員：田島 喜美恵［都市工学科］

質量：1335.8g　総得点：79.0

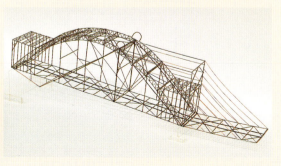

70　デザコン2018 北海道

㉗ 小山高専
Reinforce Seekers ── 進化と変化

質量：458.7g　総得点：78.5

◎汐待 駿栄（5年）、髙橋 碧（4年）、織田 大輝（3年）、福田 大樹、石原 響、額田 しおり（1年）[建築学科]
担当教員：堀 昭夫[建築学科]

⑴ 和歌山高専
アルマジロ

質量：1317.9g　総得点：78.0

◎土井 亜沙人、岸裏 賀央里、西郷 陵雅、谷口 真歩（4年）、瓜生田 航平、舛田 隼（3年）[環境都市工学科]
担当教員：辻原 治、山田 宰[環境都市工学科]

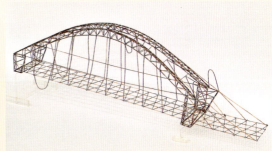

㊿ 神戸市立高専
仁 ── Bridge to the world

質量：1336.6g　総得点：78.0

◎清水 葉平、佐伯 勇輔、中村 悠大（4年）、三原 拓也（2年）[都市工学科]
担当教員：上中 宏二郎[都市工学科]

⑰ 阿南高専
かまぼこ

質量：1373.4g　総得点：78.0

◎地道 愛心、橋本 涼平、渡辺 涼[創造技術工学科建設コース5年]
担当教員：笹田 修司[創造技術工学科建設コース]

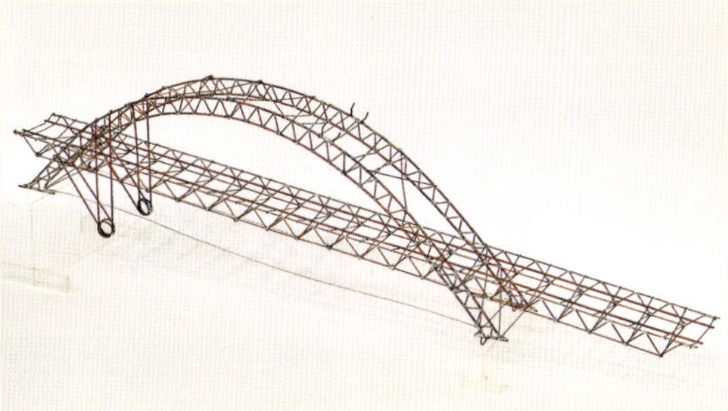

⑤⑥ 苫小牧高専

金環食橋

質量：1268.2g　総得点：77.0

◎福元 遥[機械工学科5年]／
佐々木 拓海（4年）、三和 峻也（2年）
[環境都市工学科]／佐野 太一朗、
合田 拓真、権堂 由衣[創造工学科1年]
担当教員：所 哲也[創造工学科]

---

⑱ 阿南高専

トラペゾイドC

質量：1415.4g　総得点：75.0

◎谷 祐太、
Tserensambuu Solongo（ソコ）、
遠山 秀（5年）、
Enkhtur Enkhzaya（ザヤ）（4年）[創
造技術工学科建設コース]
担当教員：笹田 修司[創造技術工学科建
設コース]

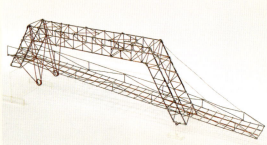

---

④ 岐阜高専

「へ」ばしde再会

質量：1420.0g　総得点：75.0

◎大野 凌雅、井田 悠希、一色 寛登、
小寺 敬太、中神 陽介、根本 一樹[先端
融合開発専攻専攻科1年]
担当教員：下村 波基[建築学科]

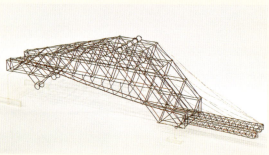

---

⑥ 福井高専

樋貫（ひぬき）

質量：755.0g　総得点：74.0

◎片岡 元春、酒井 大翔、内藤 祐大、
市橋 有咲（4年）、田中 こころ（1年）[環
境都市工学科]／若竹 悠希[物質工学科
1年]
担当教員：樋口 直也[環境都市工学科]

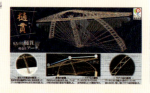
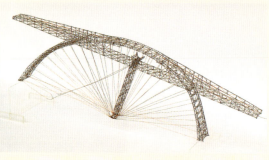

㊱ 都城高専

嶺

質量：897.2g　総得点：72.0

◎外山 大地（専攻科2年）／赤澤 弘喜（専攻科1年）[建築学専攻]／
甲斐 大也、徳留 光祐（5年）、甲斐 萌真、若松 もも（3年）[建築学科]
担当教員：奥野 守人[建築学科]、加藤 巨邦[技術支援センター]

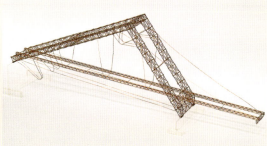

㊻ 秋田高専

しったげつえぇ銅（どう）

質量：490.9g　総得点：71.0

舘岡 浩志（4年）、鈴木 貴大（3年）[環境都市工学科]／安藤 星空、種倉 栞[創造システム工学科土木・建築系2年]／小川 太一、本多 葵[都市システム工学科1年]
担当教員：寺本 尚史[創造システム工学科土木・建築系]

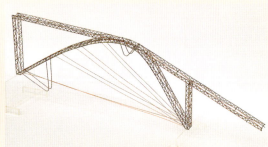

⑲ 呉高専

不屈

質量：550.3g　総得点：70.0

◎平岡 和真、松岡 野乃華、松原 翔太、水尻 舞（5年）、木原 輝宜（4年）、山村 風海子（2年）[環境都市工学科]
担当教員：河村 進一[環境都市工学分野]

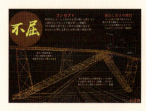
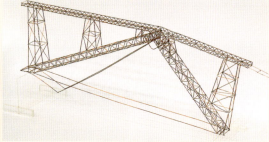

⑧ 明石高専

皆紅の扇

質量：1272.0g　総得点：70.0

◎内海 太樹、逢坂 咲穂、西村 祐希、増田 隼也、眞鍋 あゆみ（3年）、石原 由貴（2年）[都市システム工学科]
担当教員：三好 崇夫[都市システム工学科]

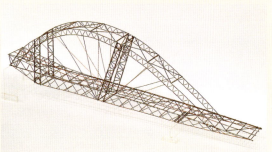

本選

本選52作品

構造デザイン

⑬ 新居浜高専

質量：623.4g　総得点：69.0

天馬

◎野間 天馬、山口 和也、河津 翼［機械工学科5年］
担当教員：谷口 佳文［機械工学科］

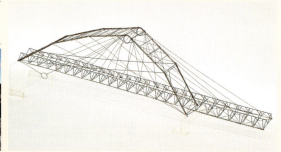

㉜ 仙台高専（名取）

質量：929.0g　総得点：68.0

内剛外柔

◎茂木 みさき、鷹木 亮太、小林 倫、村上 結月、中島 航平、鴫原 宏斗［建築デザイン学科5年］
担当教員：飯藤 將之［建築デザイン学科］

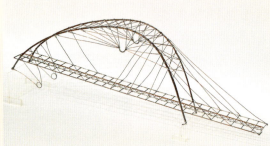

㉔ 新モンゴル高専

質量：800.0g　総得点：67.5

虹のゲート（ソロンゴ）

◎バヤルサイハン・ツェングーン、ツェンドアヨオシ・ノミンダリ、バトボルド・オチルスフ、エルデネダライ・スルドバト、バトトルガ・エンフトルガ、スフボルド・アノジン［土木建築工学科4年］
担当教員：
バヤルサイハン・ナランバータル、綿貫 久［土木建築工学科］

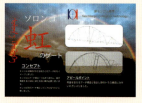

③ 岐阜高専

質量：1191.2g　総得点：66.8

でんでんばし

◎稲川 桃子、木村 祐太、後藤 壮、長屋 佑美、早矢仕 啓太［先端融合開発専攻攻科1年］
担当教員：下村 波基［建築学科］

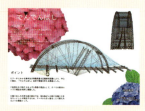

05 福井高専

鱗(うろこ)

◎大原 裕也、岩崎 拓、杉本 侑里花(4年)、佐治 糸音(3年)、渡辺 瑚乃羽(1年)[環境都市工学科]／畑矢 謡衣[機械工学科4年]
担当教員：吉田 雅穂[環境都市工学科]

質量：649.9g　総得点：66.5

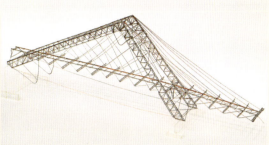

09 釧路高専

三角君 —— SANKAKUKUN

◎日高 寿廣、道尾 啓吾、三橋 明也、猫本 啓徳[建築学科4年]
担当教員：草刈 敏夫[創造工学科建築デザインコース建築学分野]

質量：1228.4g　総得点：65.0

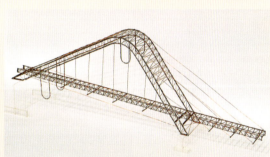

58 モンゴル高専

KAMEBASHI

◎トルバト・ムンフトル、バトサイハン・ナサンジャルガル、バートルフー・ハリウナー、チンズリグ・ゾルボー、ムンフバト・ビャムバドツジ、トメンジャルガル・サンダグドルジ[建築学科5年]
担当教員：ガンゾリグト・ビルグーン、セレオド・ガンオド[建築学科]

質量：1038.8g　総得点：64.8

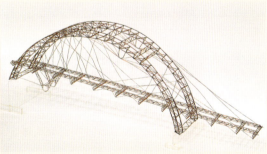

52 石川高専

いーじーぶりっじ

◎島崎 俊平、太田 有香、越野 絢音、酒井 智央、野崎 美羽、松浦 陸人[建築学科4年]
担当教員：船戸 慶輔、本間 小百合[建築学科]

質量：866.6g　総得点：62.0

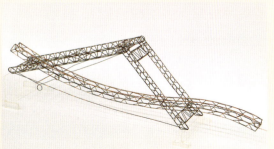

本選

本選52作品

構造デザイン

㉒ 福島高専

質量：1202.5g　総得点：61.0

継橋開来 —— 軽量化を図ったタイドアーチとユニットトラス吊り桁の融合

◎原田 一宏、平田 雄大（4年）、
飯高 優翔、岩崎 幸乃、佐藤 玄佳（3年）
［建設環境工学科］／芳賀 海音［都市システム工学科1年］
担当教員：緑川 猛彦［都市システム工学科］

㉞ 松江高専

質量：467.9g　総得点：60.3

鍛弾（だんだん）

石橋 康貴、遠藤 和弥、亀井 悠喜信、
山﨑 綾乃（5年）、◎伊藤 大悟（4年）、
野田 悠斗（1年）［環境・建設工学科］
担当教員：岡崎 泰幸［環境・建設工学科］

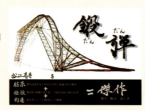
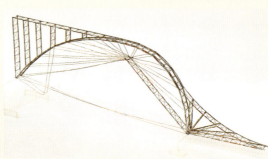

㊺ 舞鶴高専

質量：489.1g　総得点：55.5

舞物語 —— my story

◎八木 大輔（5年）、長澤 華美、
武田 陽香（3年）、藤田 修平、
田中 佑以子、谷口 竣哉（1年）［建設システム工学科］
担当教員：玉田 和也［建設システム工学科］

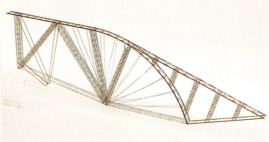

⑯ 群馬高専

質量：896.0g　総得点：53.3

武蔵 MUSASHI Mark-Ⅱ

◎下平 英莉（4年）、井澤 亮介、
岩城 奈知、鈴木 るうか、大塚 望菜美（3年）、町田 宇輝（1年）［環境都市工学科］
担当教員：木村 清和［環境都市工学科］

㊹ 舞鶴高専

チャレンジ1ねんせい

質量：913.3g 総得点：53.0

安藤 翔（5年）、藤田 凱（3年）、
浜村 虎太郎（2年）、◎松山 倫大、
住 勇治、番場 琢（1年）［建設システム工学科］
担当教員：玉田 和也［建設システム工学科］

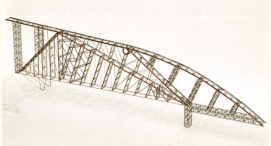

㊳ 大阪府立大学高専

浪華八百八橋
（なにわはっぴゃくやばし）

質量：1293.2g 総得点：52.5

◎平子 遼［総合工学システム専攻土木工学コース専攻科2年］／大塚 涼平、本永 朝幸、安達 愼之介［総合工学システム学科都市環境コース4年］
担当教員：岩本 いづみ、中谷 年成［総合工学システム学科都市環境コース］

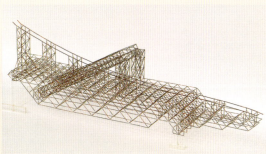

㉘ 近畿大学高専

システマ

質量：679.0g 総得点：51.5

◎松木平 このえ、西脇 義騎、佐藤 篤志（5年）、宇田 智哉、小谷 優花（4年）［総合システム工学科］
担当教員：松岡 良智［総合システム工学科都市環境コース］

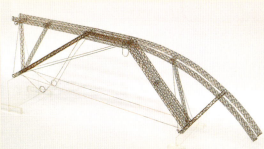

㊶ 長野高専

信濃の国──我らが喰いし天下餅

質量：1002.1g 総得点：49.0

◎村松 和城、栁澤 一博、篠崎 瑠、赤坂 春風［環境都市工学科5年］
担当教員：奥山 雄介［環境都市工学科］

本選

本選 52 作品

構造デザイン

㊾ 徳山高専
千絆要

◎横屋 翔（5年）、中村 智哉（4年）、原 百花（3年）、淺田 穂乃果、角井 夕莉（2年）、永田 隼大（1年）［土木建築工学科］
担当教員：海田 辰将［土木建築工学科］

質量：600.1g　総得点：48.0

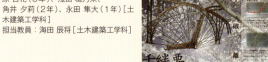
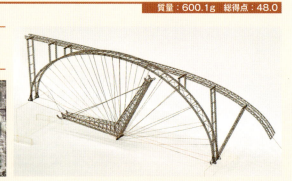

㊴ 豊田高専
菖蒲
しょうぶ

◎中村 稜也［建設工学専攻科1年］／森 元康、竹田 陸大、深田 恵吾、木村 元、岩月 優太［環境都市工学科5年］
担当教員：川西 直樹［環境都市工学科］

質量：1156.5g　総得点：47.5

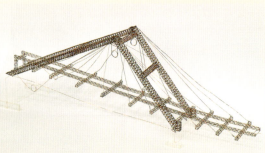

㉙ 近畿大学高専
渡る世間は橋ばかり

◎瀧川 悟、南出 博豊、山本 紘平（5年）、岸田 桃奈、松尾 小雪（4年）［総合システム工学科］
担当教員：松岡 良智［総合システム工学科都市環境コース］

質量：1122.3g　総得点：46.5

⑦ 明石高専
Treillis

◎福富 如将、岡本 歩、森岡 拓磨、櫻井 捷瑛［都市システム工学科4年］／藤本 凌平、西海 隼［建築学科4年］
担当教員：三好 崇夫［都市システム工学科］

質量：1170.5g　総得点：46.0

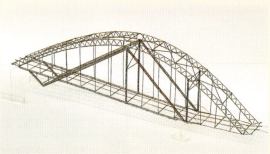

78　デザコン2018 北海道

㊼ 有明高専

質量：682.3g　総得点：43.0

弧格橋

◎江島 早英、青山 メイ、
メイ・ソーメートレイ（5年）、
神崎 太一郎、石橋 英久、
シュレンツェツェグ・ゲレル（4年）[建築学科]
担当教員：岩下 勉[創造工学科建築コース]

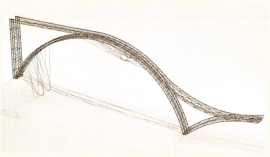

㉑ 福島高専

質量：929.2g　総得点：40.0

Mr. & Mrs. Mountain

◎堺 ゆり、今井 晴子、川上 萌依、
髙橋 怜奈、比佐 玲香、水野 典冶[都市システム工学科2年]
担当教員：緑川 猛彦[都市システム工学科]

㊲ 大阪府立大学高専

質量：1216.9g　総得点：40.0

哲矢

◎針原 拳太、池田 澪央、市原 直人、
中井 喬也[総合工学システム学科都市環境コース4年]
担当教員：岩本 いづみ、中谷 年成[総合工学システム学科都市環境コース]

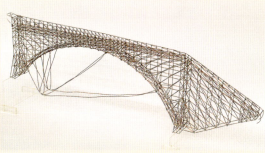

㉟ 都城高専

質量：1382.5g　総得点：40.0

深山──伝統を引き継ぎ、次の世代へ

◎久木山 李奈[建築学専攻専攻科2年]／
井手ケ原 彩杏、稲丸 知世（4年）、
宇崎 紘心（3年）[建築学科]
担当教員：奥野 守人[建築学科]、
加藤 巨邦[技術支援センター]

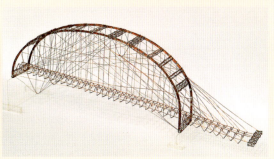

本選 52作品

㉖ 東京都立産業技術高専（品川）

質量：1130.0g　総得点：39.0

都
みやこ

◎小口 隆弘、塚本 彰太（5年）、
大澤 俊斗、長嶋 秀哉、保田 龍一、
山中 拓也（4年）[ものづくり工学科]
担当教員：上島 光浩[ものづくり工学科
生産システム工学コース]

⑭ サレジオ高専

質量：1445.1g　総得点：38.0

ATLAS

森井 裕史、鈴木 晨平、平澤 正幸、
小池 正義（4年）、◎佐藤 玄弥（3年）[デ
ザイン学科]／古田 友木[電気工学科3年]
担当教員：織田 豊一、谷上 欣也[デザイ
ン学科]

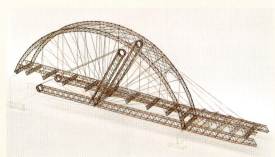

㉝ 松江高専

質量：748.1g　総得点：31.5

想努橋 ── 発想と努力の中路橋

山根 祥平（5年）、◎中川 景太（4年）[機
械工学科]／吉田 輝人（5年）、
岡本 彩果（4年）小竹 勇平、杉谷 倫亮
（2年）[環境・建設工学科]
担当教員：岡崎 泰幸[環境・建設工学科]

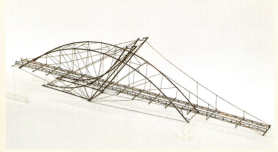

⑪ 香川高専（高松）

質量：1498.0g　総得点：26.5

SKO30

◎岡田 航汰、ウラムバヤル・アズヤヤ（4
年）、松原 華音（3年）、泉 陽彩（2年）、
池田 滉祐、松﨑 健太（1年）[建設環境
工学科]
担当教員：高橋 直己[建設環境工学科]

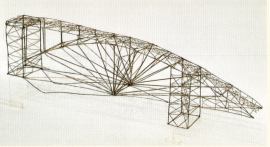

⑩ 釧路高専

鶴橋

質量：934.6g　総得点：20.0

◎伊地知 香月、花田 蘭、上杉 雛、工藤 嫮、森田 海咲樹［創造工学科3年］
担当教員：西澤 岳夫［創造工学科建築デザインコース建築学分野］

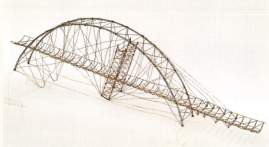

⑮ 群馬高専

#archrailway

質量：1496.9g　総得点：20.0

◎内田 匠、土屋 直樹、齋藤 渓太（4年）、小暮 健斗（3年）、浅見 健斗（2年）［環境都市工学科］／佐藤 義明［電子メディア工学科1年］
担当教員：木村 清和［環境都市工学科］

㊵ 長野高専

アルプス橋

質量：1093.9g　総得点：14.0

◎林 響大、森 皓平、大谷 龍平、蒲生 麗、齋藤 佑［環境都市工学科4年］
担当教員：奥山 雄介［環境都市工学科］

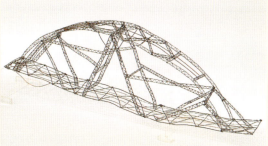

㉚ 高知高専

帝

質量：1555.4g　総得点：0

◎西森 光亮、別役 匠平、掛水 咲良、山崎 涼太、北村 りく、尾崎 渉［環境都市デザイン工学科4年］
担当教員：池田 雄一［ソーシャルデザイン工学科まちづくり・防災コース］

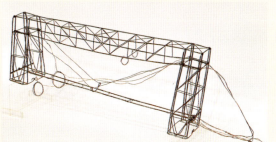

審査員紹介

構造デザイン

審査員長

中澤 祥二
なかざわ しょうじ

豊橋技術科学大学　教授

1970年	愛知県豊橋市生まれ
1993年	豊橋技術科学大学建設工学課程卒業
1995年	同大学院工学研究科機械・構造システム工学専攻修士課程修了
1997年	日本学術振興会　特別研究員（DC2）
1998年	豊橋技術科学大学大学院工学研究科機械・構造システム工学専攻博士後期課程修了　博士（工学）
1998年	日本学術振興会　特別研究員（PD）
1999-2007年	豊橋技術科学大学建設工学系助手
2007-08年	同　助教
2008年	同　准教授
2008-09年	岐阜工業高等専門学校建築学科准教授
2009-10年	豊橋技術科学大学建設工学系准教授
2010-14年	同学建築・都市システム学系准教授
2014年-	同　教授

主な活動
学会活動として、日本建築学会シェル空間構造運営委員会　委員（2004年-）、日本建築学会立体骨組小委員会　委員（2012-16年）など

主な論文
「シェル・空間構造の減衰と応答制御」（共同執筆、2008年、日本建築学会）、「ラチスシェルの座屈と耐力」（共同執筆、2010年、日本建築学会）、「ラチスシェル屋根構造設計指針」（共同執筆、2016年、日本建築学会）など

主な受賞
日本建築学会東海支部東海賞（1998年）、国際シェル・空間構造学会坪井賞（2002年）など

岩崎 英治
いわさき えいじ

長岡技術科学大学大学院　教授

1962年	北海道生まれ
1985年	長岡技術科学大学工学部建設工学課程卒業
1987年	同大学院工学研究科建設工学専攻修士課程修了
1990年	同大学院工学研究科材料工学専攻博士課程修了　工学博士
1990-98年	同学建設系　助手
1998-2000年	徳山工業高等専門学校土木建築工学科　助教授
2000-07年	長岡技術科学大学環境・建設系助教授
2007-12年	同　准教授
2012-15年	同　教授
2015年-	同大学院工学研究科環境社会基盤工学専攻　教授

主な活動
鋼橋を中心とした土木鋼構造の構造解析法をはじめ、腐食耐久性の向上のため腐食環境評価、防食法、および既設鋼構造の余耐力評価、リダンダンシー評価法などを中心に研究、活動。学会活動として、土木学会構造工学委員会継続教育小委員会　委員長（2012年-）、日本鋼構造協会「土木鋼構造診断士」テキスト改訂小委員会委員長（2013年-）、土木学会鋼構造委員会既設鋼構造物の性能評価と回復のための構造解析技術に関する小委員会　委員長（2015年-）など

主な著書、論文
「耐候性鋼橋梁の可能性と新しい技術」（共同執筆、『テクニカルレポート』No.73、2006年、日本鋼構造協会）、「耐候性鋼橋梁の適用性評価と防食予防保全」（共同執筆、『テクニカルレポート』No.86、2009年、日本鋼構造協会）など

主な受賞
土木学会構造工学シンポジウム論文賞（2015年）など

伊藤 晃
いとう あきら

国土交通省　職員

1961年	北海道滝川市生まれ
1984年	北海道大学工学部土木工学科卒業　北海道開発庁（現・国土交通省）採用
2002-04年	国土交通省北海道開発局港湾空港部港湾建設課　課長補佐
2004-05年	同省同局開発監理部開発調整課開発企画官
2005-07年	同省北陸地方整備局新潟港湾・空港整備事務所　所長
2007-09年	同省北海道開発局函館開発建設部次長
2009-10年	同省同局港湾空港部空港課　課長
2010-12年	輸出入・港湾関連情報処理センター（株）業務部　次長
2012-14年	国土交通省北海道開発局室蘭開発建設部苫小牧港湾事務所　所長
2014-17年	同省同局港湾空港部港湾建設課　課長
2017-18年	一般財団法人港湾空港総合技術センター　研究主幹
2018年-	国土交通省北海道開発局釧路開発建設部　部長

主な活動
国家公務員として、港湾および空港を主とした社会基盤の整備などに幅広く従事

創造 デザイン部門

課題テーマ

地方発進! 「脱・横並び」

　地方再生が言われて久しい。日本では、工業製品のように画一的な都市開発が進められてきたため、全国各地に同じような地方都市が存在することになってしまった。

　人口減少、超高齢社会化が進む中、持続的に地方を活性化し地方経済を維持するためには、全国から認知される地域資源を活用した付加価値の高いビジネスモデルを創造し、現在の画一的な地方都市を独自性のある地方都市として再生させる必要がある。

　そこで「地方都市の横並び」から脱却し、地域間競争に勝利するためのビジネスモデルの提案を求める。

予選応募作品	**35**

タイムライン
予選
2018.09.03-09.11　予選応募
2018.09.26　　　　予選審査

本選参加作品	**11**

本選
2018.11.10　プレゼンテーション
2018.11.11　ポスターセッション
　　　　　　　講評

受賞作品	**6**

最優秀賞（文部科学大臣賞）
　⑪ 明石高専『杉板を焼いて黒くする！　ビジネス──但馬・丹後の日本海沿岸の建物に活用するために』

優秀賞
　⑫ 秋田高専『堀を語ろう──秋田市佐竹小路のクリエーターによるまちづくり』
　㉟ 舞鶴高専『舞鶴行動』

審査員特別賞
　⑭ 都城高専『みんなでつくる集いの蔵──宮崎県都城市庄内町・社会実装プロジェクト』
　㉖ 岐阜高専『福祉×農園──園児と高齢者の楽しい農業』

総合資格賞
　㉘ 石川高専『下宿から始まり駅に向かう──六の段階で津幡町が変わるまで』

最優秀賞
文部科学大臣賞

⑪ 明石高専

杉板を焼いて黒くする！ ビジネス
―― 但馬・丹後の日本海沿岸の建物に活用するために

浦野 萌子 ［建築都市システム工学専攻専攻科1年］
担当教員：工藤 和美 ［建築学科］

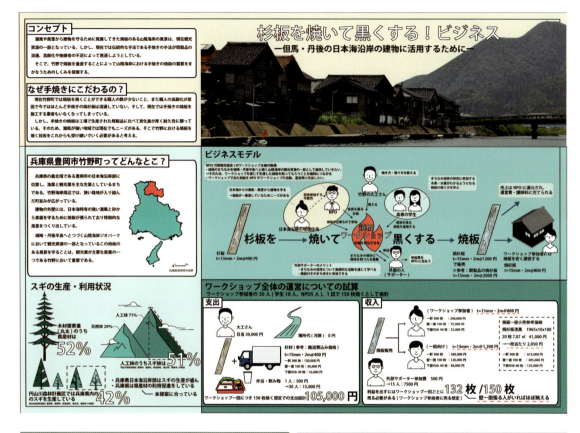

提案主旨：
潮風や風雪から建物を守るために発展してきた焼板のある山陰海岸の風景は、現在、観光資源の一部となっている。しかし一方で、伝統的な手焼きの手法が、既製品の流通の増加、高齢化や後継者の不足によって、衰退しようとしている。そこで、兵庫県の竹野町で焼板を量産することによって、山陰海岸における手焼きの焼板の需要をまかなうためのしくみを提案する。

審査講評
▶予選ポスターで見た風景（写真）が何とも強烈で、景観や街並みを含め、人をひきつける魅力を持っていた。高専の学生がどのようにこの計画に関わり、計画的に実行していくことができるのか、ワークショップに対する取組みなど、具体的でサステイナブルな提案である。後継者不足や景観を守るといった大きな問題を意識していることが評価できる。
伝統的な街並みを守ることを重要視し、材料がなくては街並みを守ることはできないことを理解して取り組んでいる。焼板は新建材より耐久性にすぐれ、手入れをしやすい。地元のものを地元で作ることは大事である。地産地消という本来、当たり前の建物作りを見直している点が良い。
これをビジネスとして成立させることで、焼板により、引き続きこの街の景観が守られる。ビジネスとしては販売が課題であり、今後は民間業者の参入が必要になるだろう。ワークショップの活用と連携などのアイディアも良いので、ぜひビジネスモデルとして実現してもらいたい。

○○ : 数字は作品番号（本書86〜94、106〜109ページ）

*本書86〜94、106〜109ページの氏名の前にある
 ◎印は学生代表
*本書86〜94ページの審査講評は、本選の各審査過
 程での3人の審査員による講評を合わせて作成

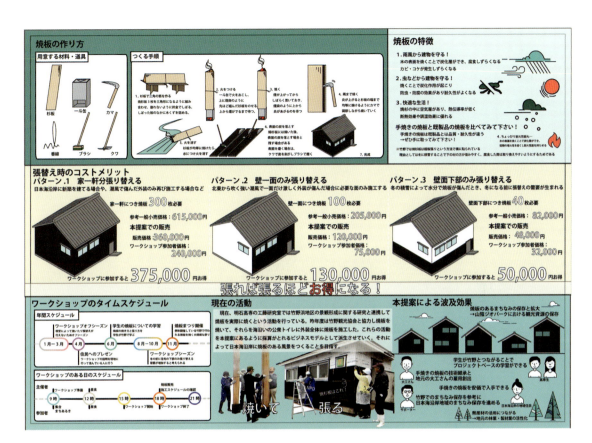

優秀賞

⑫ 秋田高専

堀を語ろう ── 秋田市佐竹小路のクリエーターによるまちづくり

澤石 卓磨[環境システム工学専攻専攻科2年]
担当教員：鎌田 光明[創造システム工学科土木・建築系]

提案主旨：

秋田県では人口流出が大きな問題となっている。流出人口のうち大多数は10代から20代の若年層である。そこで今回、秋田市がまちづくりの1つとして、芸術・文化ゾーンに指定した場所である佐竹小路に注目した。そこは、クリエイターが暮らし、働く場所に適している。その地への観光客誘致やコミュニティの再興、そして職の創出をめざしていく。

審査講評

▶秋田市の中心部、一等地にクラフター（職人）を集めるという提案。各地で伝統的な工芸が衰退する中で、希望の持てる提案ではないか。北海道帯広市の北の屋台のしくみを思い出す。人の入替りがある中で、高専の学生の関わりが大事であり、行政と民間をつなぐ接着剤としての役割を担ってくれることを期待する。官民の連携は大切だが、一方で行政に都合よく扱われてしまうことを懸念する。とは言え行政は人なので、人と人とのつながりを期待したい。地元の銀行や信用金庫は、街を元気にするこのような企画を求めている。これらを巻き込んで活動の輪を広げると、より実現に近づくのではないか。上手なやり方を工夫すれば、過去に日の目を見なかったものも花開く結果になる。

優秀賞

㉟ 舞鶴高専
舞鶴行動

◎井上 佑樹、木村 悠希［建設システム工学科建築コース5年］
担当教員：尾上 亮介［建設システム工学科］

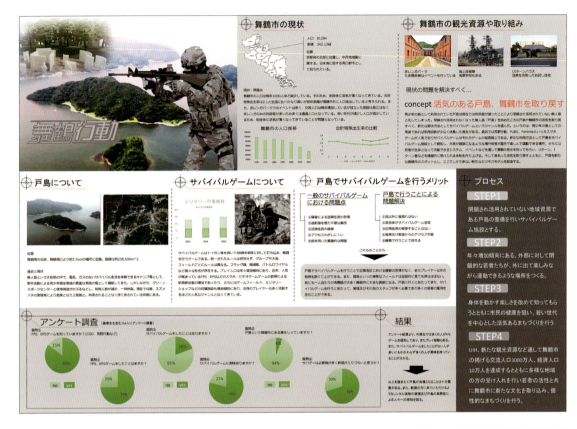

提案主旨：
京都府舞鶴市では毎年、人口が約1,000人減少しており、市街地の低密度化に伴う働く場所の減少、市の財政面での困窮など、厳しい問題がある。そこで、市が購入後、全く手を触れていない離島などを、新たな地域の資源として活用できるのではないかと考えた。

審査講評

▶予選では最も斬新で、勢いのある提案であった。本選ではどのように熟成されているのかを期待していたが、予選作品からかなりブラッシュアップされ、作者はすごく楽しんでいることが伝わり、もはやデザコンを超えていると言える。
地元からのサバイバル・ゲームの提案は大変珍しいが、北海道の壮瞥町に先進事例（雪合戦）があるため、自衛隊OBに留まらず、世界とのネットワークがすぐにでき上がるのではないか。若者がフィールドで体を動かす提案であることが非常に良いし、まちづくりに関して、他作品と異なる魅力的な切り口を示している。また、各種調査を行ないデータをそろえてきたことも高く評価できる。土地利用も段階を踏んで検討され、よくできている。土地の平坦部から始まり段階的に丘陵地を使う計画も良い。そして、地域の商店街との話合いの中で生まれたことも評価でき、実現できそうな希望が持てる。ポイント制などのアイディアは地域連携ができるので、今後、細部を検討して詰めていってもらいたい。さらに、歴史や、若者の運動不足を考えた提案としても評価できる。ニッチでコアな市場にうまくアピールすれば、非常に盛り上がる可能性がある。
ただし、ここでしかできないというビジネス戦略として、戸島ならではのPRポイントがほしい。

審査員特別賞

04 都城高専
みんなでつくる集いの蔵
— 宮崎県都城市庄内町・社会実装プロジェクト

◎矢野 和樹、鹿屋 来未、永田 匠［建築学専攻科1年］／仁田脇 一葉、外園 初音［建築学科4年］
担当教員：杉本 弘文［建築学科］

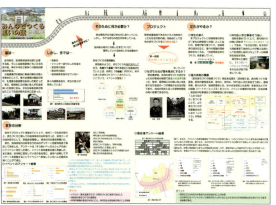

審査講評

▶視野が広く完成度の高い提案。地域の問題の細部まで汲み取り、高専の学生が運営スタッフの一員として活動する。学生が関わることで賑わいが増したようだ。しかし、学生が5年や7年で卒業する一方、社会人は長期間にわたり活動に関わるので、そのギャップが心配。まちづくりではメンバーが固定化し高齢化しやすいが、若い世代への引き継ぎが大切だ。地域を含めた部活動化により組織の新陳代謝（部からの高齢者の卒業など）が必要だろう。
高専ならではの独自性が薄いので、高専の学生が継続的に関わって地域を支えるしくみづくりに期待する。

審査員特別賞

26 岐阜高専
福祉×農園 — 園児と高齢者の楽しい農業

加藤 絢子、汲田 朱里、馬場 祐花、◎宮下 侑莉華、脇田 裕里［環境都市工学科5年］
担当教員：菊 雅美、吉村 優治、川端 光昭［環境都市工学科］

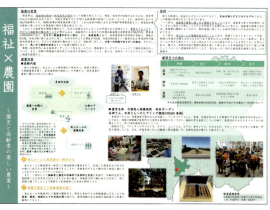
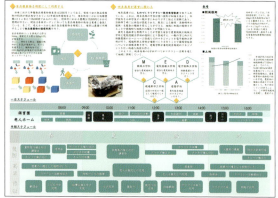

審査講評

▶農福連携という考え方による、現代的なアクション（行動）であり、地域が抱える個々の課題に、多面的に取り組んでいる。
高齢者に注目し、高齢化をはじめ人格形成、環境など多くの問題に果敢に取り組んだことを評価する。しかし、高専をはじめ、各関係者の役割が不明瞭。また、農園はボランティア的な作業になるが、人が集まるかどうかは懸念される。
将来的に新しい雇用の創出につながるかもしれないが、農家以外の人の参加についてのビジョンが必要である。

総合資格賞

(28) 石川高専

下宿から始まり駅に向かう
—— 六の段階で津幡町が変わるまで

◎北口 建、本田 陸（5年）、坂口 千陽、蓮野 拓実（4年）［建築学科］
担当教員：内田 伸［建築学科］

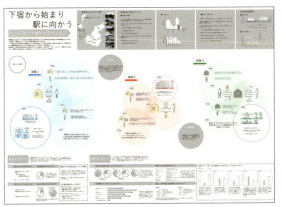
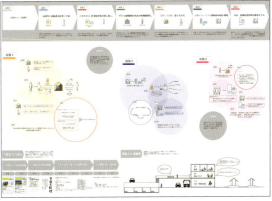

審査講評

▶予選ポスターのフローチャートが際立って美しく良かった。大きなビジョンを持ちながらステップ・バイ・ステップの目標も持ち、具体的なデータを集めて検討を進めた、地に足の着いた提案だ。しかし、高専の学生が老人の家に下宿することには、両者に抵抗感があるのでは。空き店舗をシェアハウスに活用するなど、もっと実状に踏み込んだ調査をして、津幡町の要求と学生の要求のマッチングをすれば、新しいビジネスにつながると思う。
また、山間部の住民が、本当に冬場だけ移住してくれるのかについては、調査不足で疑問が残る。

本選作品 ⑰ 仙台高専（名取）
虎嘯風生

仲村 拓馬［生産システムデザイン専攻建築デザイン学コース専攻科1年］／◎相澤 歩夢、佐竹 皓基［建築デザイン学科5年］
担当教員：小地沢 将之［総合工学科］

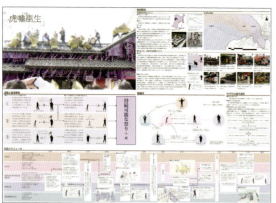
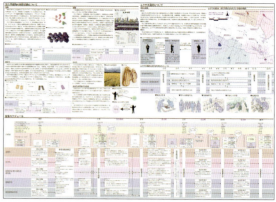

審査講評
▶予選ポスターの「ムラサキ」の色に、まず圧倒された。虎嘯風生とは行動することで、地域社会の価値観との連携により、ムラサキという地域特産品を生産する労働力を生み出すというおもしろい提案だ。
時系列に沿った今後の計画が非常に緻密で、特にコストに関してていねいに分析しているところが良い。
ただし、この計画では、地域の祭の文化的背景を誰もが理解している必要がある。新規参入者にはハードルが高いのではないか。また、弱者が祭に参加できないしくみは問題である。地域は多様性の宝庫、思いやりの心を大切にしてほしい。

本選作品 ⑱ 仙台高専（名取）
将監で見守る、みんなと繋がる

◎石母田 真似、伊藤 若菜、大友 飛河［建築デザイン学科5年］／浅沼 晏［総合工学科建築デザインコース1年］
担当教員：小地沢 将之［総合工学科］

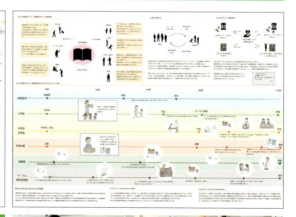

審査講評
▶具体的な場所とアクション（行動）で、すでに多様な活動が進む明確な提案である。
しかし、高専の学生のサークルと、サロンを運営する地域グループとの関係や、高専の学生のメリットなどが不明瞭。小・中学生の高専への進学意欲を高めるために、高専の学生がセンターに出向くのは良いが、学生の継続的な関わりには、運営体制や資金面が課題だ。計画を継続するために、今後の資金計画について、もっと踏み込んで考えてほしい。「みんなのサロン」は地域のものなので、利用者や住民が自ら運営し、実費は地域、技術は高専というのがあるべき姿だろう。

本選作品 ⑳ 岐阜高専
VRで織りなす過去と現代の交錯点 ── 視て感じる岐阜市の歴史

岩田 和樹、岡田 尚也、河瀬 博斗、澤田 健斗、◎樋口 卓磨［環境都市工学科5年］
担当教員：廣瀬 康之、菊 雅美［環境都市工学科］

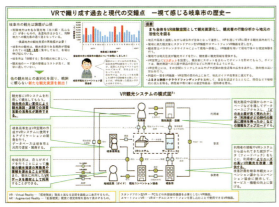
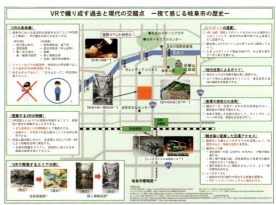

審査講評

▶技術をメインに取り上げた、正に高専らしい提案だ。しかし、VRだけなら企業でもできるし、学生は、VRの作り込みは難しくないと説明していたが、とても大変で簡単にはできない、と感じた。また、高専の関わるメリットが不明瞭で、高専だけでこのプロジェクトを回せるのかも懸念される。地域住民の利用など、もっと地域との連携が必要ではないか。高専の学生が、このような取組みを行なうことに意義はあるが、技術を安売りすることなく、経済面を考えて取り組んでほしい。
VRの内容も今のままでは物足りないので、足を運んででも見たいと思わせるクオリティとストーリー性がほしい。

本選作品 ㉑ 岐阜高専
エコ先進県岐阜 ── 導きは岐阜高専マイクロリサイクル

寺田 美希［建築学科5年］／◎奥村 泰大［環境都市工学科4年］
担当教員：吉村 優治［環境都市工学科］

審査講評

▶ターゲットがはっきりしていて、具体性が高く、関係者の役割が明確なところを評価した。
ペレットにブランド付けをして、実用的である点は良いが、もっと木の種類を増やし、さらにブランディングしていくとよいのではないか。また、細かいコストを計算しているが、高専にあるペレット製造用の機械も計算に入れてほしい。
需要と供給が一致したとは言え、岐阜高専の中だけで計画が完結してしまったことは残念。エコ先進県と銘打つからには、高専発信で、どこまで地域を巻き込めるかを検討してほしい。

本選作品 ㉞ 石川高専

三湯が築く一つのまち　加賀温泉

高橋 杏奈、高野 莉緒（5年）、◎小森 廉太、土屋 亜美、小山 優花（4年）［建築学科］
担当教員：森原 崇［建築学科］

創造デザイン

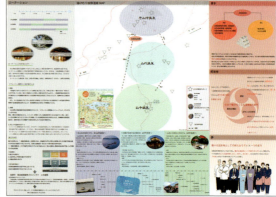

審査講評

▶三湯共通のブランディングや地域連携など、若者目線で働き方を考えている意欲的で革新的な提案だ。アイディアはユニークで良い。
しかし、実現に向けては、さまざまなハードルがあるだろう。また、働く人と働かない人の平等性は必要なのか、その場合の働き手の給与や組合の運営資金はどうなるのか、などの疑問が生じる。
それぞれの特徴や努力を活かしつつ温泉地全体でプラスになるしくみを考えてはどうか。「働く」ということが人や社会を支えているしくみをもう少し勉強してほしい。

17

20

34

18

21

94　デザコン2018 北海道

本選

本選審査総評

アイディア、現場の関係など4つの視点で評価

田村 亨（審査員長）

4つの視点からの総合評価

　審査結果を踏まえて、全体的な感想を述べておく。本選に参加した学生は、9月上旬の募集開始から始まり、予選を通過して、本選を迎えている。まずは、予選を終えた後も、気を許すことなく追加で調査し続けてきた、真摯な姿勢を高く評価したい。

　評価に差がついた理由は4つあった。評価された作品は、まず、そもそものアイディアが魅力的であった。次に、そのアイディアを深掘りしていくプロセスとして、地域住民やNPOの職員、役所の職員といった現場の人々を計画にきちんと巻き込んでいたことだ。3つめは、独自のアンケートを実施するなど、自らデータを取る努力をしていたこと。最後の4つめは、本選の2日間、そして予選を含めて、プレゼンテーションや、コミュニケーションの能力が高かったことである。以上の4つの視点による評価の総合点で差がついたということだ。

ミスジャッジを起こさない

　また、今回のデザコンを経験した学生たちに、覚えておいてほしいことがある。それは、私のように63歳にもなると言えることなのだが、これから社会に出た時に、ミスジャッジを起こさないための方法だ。

　1つめは自分で一生懸命に考えること。よく考えることによってミスジャッジが減る。2つめは、よく考えると良い友だちができるということだ。友だちをたくさん持っていると、これまたミスジャッジをなくすことができる。

この経験と行動力を糧に

　我々は本選の2日間にわたり、参加学生の発表を聞き、評価してきた。その中で特に私の印象に残っていることは、受賞者は自分でよく考え、いろいろな人たちに会ってヒアリングをし、そして自分の考えを確実なアイディアに仕上げることに成功した、ということである。しかし、この経験は、参加した学生全員に共通している。卒業する学生は、この経験と行動力を決して忘れることなく、これから社会に出ていってほしい。また、引き続き在校する学生は、今回応募したプロジェクトをもっと深めて、より現実のものにしていってほしいと願う。

　今回の経験は、私自身にとっても本当に勉強になり、感謝している。

高専らしい着眼点で地域と向き合う

金子 ゆかり（審査員）

本気で地域と向き合う姿勢

　審査したすべての作品から、非常に大きな「熱気」を感じた。そのエネルギーを受け止め、審査しなければならないということが、これほどまでに悩み苦しむことだとは、想像を絶していたと言っても過言ではない。参加した学生はいずれも、作品をつくる過程で、山積している地域の悩みを目の当たりにしたと思われる。しかし、高専の学生だからこその着眼点によって問題の本質を見極め、それぞれの土地に対する愛着と、活性化を信じる心を持って、本気で地域と向き合おうとしている姿勢は称賛に値する。

　中には、高専の学生が代々まちづくり組織の一員として参加するシステムをつくり上げ、自分たちの存在価値を高め、居場所を確立することに成功している事例もあり、驚きと同時に羨ましさも覚えたほどである。

まちづくりに関わる人たちに勇気

　地方都市のまちづくりは担い手不足に悩まされているのが現状である。後継者や実働人材の不足により、活動を諦めてしまう例も少なくない。本選では、地域の中に深く入り込み、地域住民の悩みを自分の悩みとして受け止めながら、真剣に地域の問題と向き合った作品が多かった。まちづくりに関わるすべての人たちに勇気を与え、大人たちを鼓舞する力も持ち合わせており、もっと多くの人にこれらの作品を見てほしいと強く思わずにはいられなかった。

　ただし、一部に、現実離れし過ぎたもの、地域との関わりを重要視せずに作成してしまったと思しきもの、舞台となった土地の住民生活に対する想像力が欠けていると感じる作品もあった。「まち」は「もの」ではなく、そこに1人1人の人生があるということを忘れて

しまっては、せっかくの提案も価値を生み出すことはできない。

また、夢に満ちあふれ、アッと驚かされる大胆な作品が少なかったのは残念だ。いずれもきれいにまとまり過ぎている印象があり、もっと自由に冒険しても良いのではないかという気持ちを抱いたのも事実である。

社会の大きな力になり得る

しかし、いずれにしても制作に関わった学生たちは、日頃、机に向かって勉強している時には得られない宝物をたくさん得られたことと信じている。自信過剰になる必要はないが、自分たちが大人から期待され、頼りにされている存在であること、自分が社会のために役立つ大きな力になり得ることは自覚すべきである。

多くの人たちが高専の学生の力を信じ、期待している。そのことを決して忘れずに、これからも前を向いて進んでほしいと願っている。

多彩な視点での議論

竹内 正信（審査員）

強い思いとパワーに圧倒

初日はプレゼンテーションを見た。2日めのポスターセッションでは、それぞれの展示の前で個別に質疑や議論をさせてもらった。

まず大雑把な感想だが、正直に言えば、大変疲れた。説明する学生の熱量というのだろうか、作品の中には一生懸命にやってきた取組みがたくさん積み重なっていて、「それを伝えたい！」という学生の強い思いとパワーに、すっかり圧倒されてしまった。ポスターセッションでは、合計で3時間ほどやり取りしたが、本当にぐったりという感じである。

作品それぞれに長所と短所

次に審査だが、ポスターセッションで、3人の審査員がそれぞれ各作品の展示ブースを回って学生の説明を聞いた上で、集まっていろいろと議論をした。

審査結果は出たが、参加した学生には、それに一喜一憂せずに受け止めてほしいと考えている。とりあえず、順位と言うか、成績はついてしまうのだが、アイディアや提案、説明について、それぞれの作品ごとに、良いところと悪いところ、すばらしい点、もう少し煮詰めてほしい点など、いろいろあった。1つの評価軸で比べてどちらが上でどちらが下、という単純な評価による結果ではないのである。いずれも、それぞれの良いところや特徴があったので、たまたま入賞できなかった作品の学生も決して意気消沈することなく、自分たちが検討してきた、研究してきた、取り組んできたことに自信を持ち、その経験をこれからも活かしてもらいたい。

実現性、持続性、発展性など多彩な視点

審査員の間であったいろいろな議論の中に、どのような視点があったかを紹介したい。

まず、実現の可能性がどうか、持続の可能性があるのか、発展性がどうなのか、ということを評価した。また、夢があるか、気持ちが前向きかという視点でも議論した。さらに、計画への地域の巻き込み具合、地域との関わり具合、地域の人々とのつながりの中で何を生み出そうとしているのか、高専としての関わり具合はどうか、といったことも評価した。それから、「地域との関わり」に近いが、「人づくり」について、継続性の面も含めてどうなのかということも意識した。最後にもう1つ、それぞれの取組みが、作者の思い込みだけではなく、仮に何らかの思いから始まったとしても、その思いが何か客観的なデータによって補強されているか、を評価した。たとえば、アンケートで地域の人々の思いを確認する、あるいは地域の特性をデータとしてしっかりと踏まえるなどの点でどうか、しっかり研究や検討、調査をしているかといったことだ。

以上のように、1つの評価指標で優劣を付けたのではなく、多様な視点からの評価があったのだ。そのため、審査の間には「私はこの点がすごく良いと思うので、この作品は評価したい」「いや、私はこちらの作品のこの点が良いと思う」というような議論が多々あり、審査員の意見の集約はなかなか難しいものであった。

一生懸命に取り組んだ経験を活かす

そういう意味で、前述のとおり、審査結果は出たけれど、評価はそれだけではないということを、ぜひ、感じ取ってほしい。それぞれの作品に、すぐれた点があるので、ぜひ、そこを、引き続き伸ばしていってほしいし、取り組んできた結果を、これからの学生生活、あるいは社会人としての生活の中で、活かしてほしい。一生懸命に取り組んできたという経験は、これから絶対に活きてくる。それを忘れずにこれからも過ごしてほしいと願う。

本選審査経過

00：数字は作品番号（本書97～100ページ）
＊文中の作品名は、サブタイトルを省略。高専名（キャンパス名）『作品名』［作品番号］で表示

学生の視点から、まちづくりの新たな萌芽を

課題設定：
地域資源を活用したビジネスモデルを

　昨年に引き続き、創造デザイン部門では「地方創生」が課題テーマとなった。地方創生というテーマは重いが、デザコンが単に高専の学生のアイディア発表会となってしまっては意味がない。したがって、本大会では民間による事業化につながるビジネスモデルの提案を求めた。
　地域資源を活用した付加価値の高いビジネスモデルが、地域の持続的な発展を導くエンジンとなる。そのための成長シナリオを若い世代の活力と創造力に基づいて描き出されることを願った。こうした理念に全国の高専の学生がどのように挑み、どのような提案を出してくるのかを大いに期待したものである。
　創造デザイン部門の意義は、高専の学生らしい視点から、まちづくりへの新たな取組みの萌芽を見出すことにある。参加学生にとって、さまざまに試行錯誤する中で、多くの人々と出会い、彼らの話を聞くことは、貴重な経験になるだろう。また、すでに動き出しつつあるまちづくりの活動に、高専の学生が参加することは、地元関係者にとって大きな活力となり、地域全体に良い刺激を与えることになるであろう。デザコンを契機に、こうした取組みが実現することは、参加学生にとっても地域にとっても、非常に喜ばしいことではないだろうか。

展示設営：
最新技術を活用、工夫を凝らした展示や実演

本選は、プレゼンテーション（口頭発表）、ポスターセッションで審査される。予選を通過した11作品には、各々に説明用ポスター（A1判サイズ2枚）を展示できる展示用パネル1枚と、展示スペースとして天板1,800mm×600mmのテーブル1台が与えられる。

また、本大会では、パソコンによるプレゼンテーション、シミュレーション（PPT、CG、VR、AR）や、ソフトウェアの実演（PC、タブレット、スマホ）なども想定して設備を整えた。予想に違わず、VRゴーグルを展示・実演する岐阜高専『VRで織りなす過去と現代の交錯点』［20］などの作品があった。

緊張感が高まる中、学生たちは、模型を壊れないよう慎重に設置したり、真剣なまなざしでパソコンをセッティングしたり、展示パネルの内容をメンバーで再確認したりするなど、ポスターセッションに向けての展示を着々と進めていった。一方、午後のプレゼンテーションの発表練習をする学生も見られた。

ポスターセッション（展示）会場は、変則的な形で前年よりもいささか手狭なスペースであった。そのため、審査員の動線などを考慮し、展示ブースの配置や電源の確保に工夫を凝らした。

プレゼンテーション：
厳しい指摘や実現化を見据えた質問も

　1日めのプレゼンテーションは、パソコンでパワーポイントを使った口頭発表形式で行なわれた。各作品の持ち時間は、発表10分、質疑応答5分の計15分である。
　午前中のオリエンテーションでのクジ引き抽選により決められた順に各作品のプレゼンテーションが行なわれた。司会進行は釧路高専の学生スタッフが務めた。
　それぞれ10分間の作品を説明する発表が終了すると、審査員との質疑応答を開始。全11作品の1つ1つに対して、3人の審査員が交互に質問した。規定時間の5分をオーバーする場面もしばしば見られたが、司会役の学生が全体として遅滞ないように上手に進行していた。
　質疑応答では、活発なやり取りが展開した。たとえば、都城高専『みんなでつくる集いの蔵』[04]には「部活動的な循環フローがおもしろい」(田村)と高評価が。また、明石高専『杉板を焼いて黒くする！　ビジネス』[11]には「外部サポータの参加はあるのか？」(田村)といった組織づくりに突っ込んだ質問も出た。秋田高専『堀を語ろう』[12]には「この事業の新規性やユニークさはどこにあるのか？」(竹内)という厳しい質問もあった。岐阜高専『福祉×農園』[26]には「高専の学生の具体的な役割は？」(金子)など、計画に関係する各者の役割分担の不明瞭さを指摘する質問が相次いだ。石川高専『下宿から始まり駅に向かう』[28]には「すぐにでも取り組めそうな計画。山間部の住民とは意見交換をしたのか？」(金子)など、実現性を評価されつつも提案を裏付ける実状調査が問われた。舞鶴高専『舞鶴行動』[35]には「予選から大きく成長している。ゲームとは言え、戦争のもつ負のイメージへの対応はどう考えるか？」(竹内)といった実現化を見据えた質問もあった。

ポスターセッション：
混雑する中、熱気を帯びたやり取りが展開

　2日めのポスターセッションでは、3人の審査員が別々に各作品の展示ブースを巡回し、参加学生たちは、前日のプレゼンテーションで説明しきれなかったことを中心に、熱心に提案内容を説明した。これを受けて審査員は、さらに詳細な説明を求めたり、提案内容に対するさまざまな意見を述べた。

　学生たちは、模型を手に取って説明したり、パソコンを用いてプレゼンテーションしたりと、さまざまな方法で自作の魅力をアピールしていた。一方、審査員も岐阜高専『VRで織りなす過去と現代の交錯点』[20]の展示ブースでは、VRゴーグルを装着して実演を体験するなど、熱心に各提案内容を審査していた。

　各ブースでは審査員と学生の活発な応酬が続いた。都城高専『みんなでつくる集いの蔵』[04]では「5年後、10年後のステップも考慮しているなど、レベルが高く、全体に目が行き届いてすばらしい」（竹内）などと絶賛される場面も。明石高専『杉板を焼いて黒くする！　ビジネス』[11]には「商売にするにはビジネスパートナーをどうするかが課題と思われるが、先が楽しみ」（竹内）など、実現化に向けたアドバイスまで受けていた。岐阜高専『福祉×農園』[26]は「お金にならないことを市民に説明するのは難しいのでは？」（田村）と運営していく上での課題も指摘された。石川高専『下宿から始まり駅に向かう』[28]には「本当にこの地域だけをターゲットにしていいのか、データを検証した裏付けが必要」（金子）などの厳しい指摘もあった。

　時に、説明する学生と審査員、関係者でごった返す状況が生まれたものの、会場は、総じて熱気を帯びながらも和気あいあいとした雰囲気に包まれていた。

審査および講評：
多様な評価軸による審査結果

　13:00よりプレゼンテーション会場で審査する予定であったが、すでに審査員控え室において審査が進められていた。得点の集計に先立ち、審査員間でさまざまな意見が交換され、大筋で入賞作品が決定していた。13:15頃より事務局が得点の集計作業に入り、合計得点に基づき最終的な入賞作品が決定した（表1参照）。

　13:30より成績発表と講評を行なう予定であったが、20分ほど遅れて始まった。まず事務局より、入賞作品を「審査員特別賞」「総合資格賞」「優秀賞」「最優秀賞（文部科学大臣賞）」の順で発表した。その後、審査員より「受賞作品は、よく考え、いろいろな人たちにヒアリングをし、自分の考えを確実なアイディアに仕上げることに成功した」（田村）、「大胆な作品は少なかったのが残念。もっと自由に冒険しても良いのでは」（金子）、「それぞれに長所や特徴があり、審査員の意見の集約は難しかった」（竹内）などの講評があった。個々の作品に対する講評はなく、2日間の大会を通じた全体的な講評がねぎらいの言葉とともに述べられた（詳細は本書95～96ページ本選審査総評を参照）。

　最後に2日間の参加学生の激闘を讃え、審査員に対する感謝を込めて会場全体からの拍手をもって終了した。

（山崎　俊夫　函館高専）

表1　本選──得点集計結果

作品番号	作品名	高専名（キャンパス名）	本選得点						受賞
			地域性[15点]	将来性[15点]	自立性[15点]	具体性[15点]	プレゼンテーション力[15点]	合計[75点]	
11	杉板を焼いて黒くする！　ビジネス	明石高専	15	15	14	15	11	70	最優秀賞（文部科学大臣賞）
35	舞鶴行動	舞鶴高専	13	13	12	14	12	64	優秀賞
12	堀を語ろう	秋田高専	13	11	11	11	13	59	優秀賞
04	みんなでつくる集いの蔵	都城高専	13	11	8	11	13	56	審査員特別賞
26	福祉×農園	岐阜高専	10	11	12	10	11	54	審査員特別賞
28	下宿から始まり駅に向かう	石川高専	10	12	9	11	11	53	総合資格賞
21	エコ先進県岐阜	岐阜高専	10	9	10	10	10	49	
17	虎嘯風生	仙台高専（名取）	12	8	6	9	12	47	
34	三湯が築く一つのまち　加賀温泉	石川高専	12	10	9	6	9	46	
18	将監で見守る、みんなと繋がる	仙台高専（名取）	10	8	8	10	9	45	
20	VRで織りなす過去と現代の交錯点	岐阜高専	6	8	8	7	8	37	

本選の採点基準（評価指標）
①地域性（地域の実情等を踏まえた施策）：客観的なデータにより各地域の実情や将来性を十分に踏まえた持続可能な提案であること
②将来性（夢の持てる前向きな施策）：地域が主体となり行なう、夢の持てる前向きな提案であること
③自立性（自立を支援する施策）：地域・企業・個人の自立に資するものであり、「ひと」「しごと」の移転・創出を含み、特に外部人材（対象範囲の外部の人材）の活用も含め「ひと」「づくり」につながる提案を含むこと
④具体性（結果を追求する施策）：プロセスのみでなく、めざすべき成果（目標）が具体的に想定されていること
⑤プレゼンテーション力：説明用ポスター、プレゼンテーションの口頭発表、ポスターセッションでの説明と質疑応答を総合的に評価
（各項目：5点満点×5指標×審査員3人＝75点満点）

註　＊各得点欄の点数は、5つの評価指標（地域性、将来性、自立性、具体性、プレゼンテーション力）に基づき、各指標ごとに5段階で評価した点数を合算したもの
　　　各審査員は、各作品を25点満点（5点×5指標）で評価（本書102ページ「開催概要」参照）
　　＊表中の作品名は、サブタイトルを省略

開催概要

創造デザイン部門概要

【課題テーマ】 地方発進！ 「脱・横並び」

【課題概要】
地方再生が言われて久しく、活性化事業に数十年取り組んでいる自治体もある。「国土の均衡ある発展」の理念の下、画一的・同質的な工業製品のような都市開発が進められてきた。金太郎飴を切り出して作られたような地方都市の横並びから脱却することで、地域（都市）間競争に勝ち抜くことが必要である。

現在、日本では人口減少、超高齢社会化が進展している。2030年には144自治体が、財政の維持が困難になる限界自治体（限界集落）へ転落すると予測されている。人口減少と超高齢化に向き合い、対症療法ではない課題解決策が必要である。

縮小する社会において、地方経済を維持するためには、リノベーション事業*1と人材が必要だ。また、付加価値と生産性の高いサービスやビジネスを、地方発の「高付加価値ビジネス」として育成するシステムが必要である。そして、多様な世代の雇用を生み出すとともに、若い世代による意思決定を尊重し、新陳代謝を許容する機運の醸成も必要となる。

地域資源を活用した付加価値の高いビジネスモデルの創造は、地域の持続的発展を導くエンジンとなる。このビジネスモデルには、規模や内容に対する臨機応変の柔軟性が必要である。さらに地域活性化の最先端を踏まえたビジネスとするには、情報発信力も必要だ。結果として得られるブランド力は、高度なマーケティング戦略として社会に通ずるものとなるだろう。

そこで、地方都市の横並びから脱出し、地域間競争に勝利するためのビジネスモデルの提案を求める。地域の課題を発見し、地域のニーズと文化性を踏まえ、多様な成長シナリオに基づく、課題を解決するしくみを提案してほしい。民間による事業化につながる提案が望まれる。

【審査員】 田村 亨［審査員長］、金子 ゆかり、竹内 正信

【応募条件】
5人までのチームによるもの。1人1作品。複数の高専の連合可。予選未通過の場合、構造デザイン部門への応募可

【応募数】 35作品（109人、13高専）

【応募期間】
プレゼンテーションポスター提出期限：
2018年9月3日（月）〜9月7日（金）（11日〈火〉まで延長）

【提案条件】
①地域資源を活かしたプロセスデザイン*2の創造について提案すること。「もの（装置）」を提案する場合には、その「もの」がどのような仕掛けで地域振興に貢献していくのかというプロセスも併せて提案してほしい。創造デザイン部門では、特に「こと」興しを重視していることから、「こと」興しの仕掛けのみに特化する「プロセスデザイン」も含まれる。「もの」のみの提案は不可
②プロセスデザインにおいては、「現状の認識」と「ゴール（目標）設定」が重要である。ここでは地域の持続的な発展を導くエンジンとなるビジネスモデルの先に、どのような地域の将来像をゴールとして描くかが重要だ。そして、このゴールは時代の流れにおいて、さまざまに変化していく多様性を持つことが宿命的に求められるだろう
③地域（人、企業、自治体、NPO、住民組織など）が抱えている課題やこれまで注目されていなかった新たな地域資源をとらえ、その課題を解決するための、あるいは新たな地域資源を発掘するためのプロセスを提案すること。地域の課題をとらえるには「現場の情報に当たる」必要があるが、その方法としては、フィールドワーク、地域の事情に詳しい人へのインタビュー調査、地域に関するさまざまなデータの分析などが考えられる
④地域資源から発想し、目標とする地域像を実現するためのプロセスを提案するプロセスデザインには、地域資源にどのような技術・知識を付加することでポテンシャル（潜在力）を向上させるのか、地域内外の人々がどうコミュニケートするか、そうしたしくみをいかにビジネスモデルとして仕立てるのか、といった内容が含まれる。提案は、このプロセスに何らかのかたちで高専が関わるプロセスデザインとし、そのプロセスにおける高専の役割を示すこと

本選審査

【日時】 2018年11月10日〜11日（日）

【会場】
釧路市観光国際交流センター　2階　視聴覚室（プレゼンテーション、講評）、交流サロン（ポスターセッション、予選作品展示）

【本選提出物】
①プレゼンテーションの発表用データ：プレゼンテーション会場に設置した発表用パソコンに提出
②説明用ポスターの画像データを保存したCD-RまたはDVD-R
なお、①のデータを②と一緒にCD-RやDVD-Rで提出する場合でも、①のデータは必ず発表用パソコンにも提出すること
③説明用ポスター：A1判サイズ（594×841mm）2枚（横向きまたは縦向き）、3mm厚のスチレンボードに貼りパネル化。予選で提出したポスターをA1判サイズに拡大しての使用可
④提案内容を説明する模型（装置の実物でも可）、パソコンによるプレゼンテーション、シミュレーション、ソフトウェアの実演（任意）

【展示スペース】
展示用パネル（幅900mm×高さ1,800mm）2枚、テーブル1台（幅1,800mm×奥行600mm×高さ700mm）、電源（各作品1口）を提供

【審査過程】
参加数：11作品（37人、7高専）
日時：2018年11月10日（土）
①プレゼンテーション　13:00〜16:30
日時：2018年11月11日（日）
②ポスターセッション　9:00〜12:00
③審査（審査員控室）　13:00〜13:40
④講評　13:50〜14:10

【審査基準】
下記の5つの評価指標で審査する
①地域性（地域の実情等を踏まえた施策）：客観的なデータにより各地域の実情や将来性を十分に踏まえた持続可能な提案であること
②将来性（夢の持てる前向きな施策）：地域が主体となり行なう、夢の持てる前向きな提案であること
③自立性（自立を支援する施策）：地域・企業・個人の自立に資するものであり、「ひと」「しごと」の移転・創出を含み、特に外部人材（対象範囲の外部の人材）の活用も含め「ひと」づくりにつながる提案を含むこと
④具体性（結果を追求する施策）：プロセスのみでなく、めざすべき成果（目標）が具体的に想定されていること
⑤プレゼンテーション力：説明用ポスター、プレゼンテーションの口頭発表、ポスターセッションでの説明や質疑応答を総合的に評価

【評価点数】（各評価指標を5段階評価）
5点：特にすぐれている　4点：すぐれている
3点：普通　2点：やや劣っている　1点：劣っている

【各作品の合計得点】
75点満点＝25点（5点満点×5指標）×審査員3人

註
*1　リノベーション事業：「リノベーション」とは、刷新や改善、革新を意味する。人口減少と超高齢化、産業の停滞、地域の活力低下などに呼応し、持続可能な都市への再構築を図る事業。国土交通省は、2013年より「地方都市リノベーション事業」の推進を提唱している。
*2　プロセスデザイン：問題解決や目標達成のために、計画内容の実施する順序や段階、想定される成果や障害などを整理し、最良の手順を検討して、要求や環境に応じた固有の計画遂行の過程を作成すること。また、複数の方法について検討して最良の方法を選択すること。

予選

募集に際しての審査員からのメッセージ

新しい価値観による地域づくりのシナリオ

田村 亨（審査員長）

　今から26年前の1992年、アメリカ合衆国のクリントン大統領は「いつでも1万本の映画を見られる生活環境を用意する」という情報ハイウェイ構想を国民に打ち出した。当時の日本国民は、国が掲げる「経済成長」という目的を失い、何のために働き続けるのかがわからなくなり、混沌としていた。アメリカ合衆国のように多くの映画を用意されても、自らの暮らしを豊かにする映画をどのように選んでよいのかわからなかったのである。国から目的を与えられないと人々は生活の意味を見つけられない時代であった。

　旧（ふる）い価値観が終わり次の価値観へと向かうには、人々の世代交代を待つ必要がある。当時の働き盛り（40歳）の人々も65歳を超えて、旧（ふる）い価値観で生活する世代が現役を終えようとしている。いよいよ新しい時代の担い手が出て来る時である。私は63歳の土木技術者であるが、経済成長の時代は、道路や河川、港湾・空港施設を国の一元管理の下で計画・整備できた。社会資本の利用者の要望を聞かなくても、施設整備が国民から望まれた時代であった。

　今大会のメインテーマは「守破離（しゅはり）」である。古い時代の「ものづくり」の技術を習得すること（守）は重要であるが、今の人々は「地域の活性化」や「地域を良くする活動への参加」を求めている。このため「ことを興す」という新しい技術への脱皮が必要である（破）。しかし、答えはない。あなたたち、若者が、生活の意味を充実させる新しい価値観をつくる時である（離）。

　難しく考えないでほしい。求められていることは、地域づくりのシナリオを模索することである。住民の意見が分かれる中で、地域が主体となって1つのシナリオを選択することが重要であり、そこに至るまでの合意プロセスが問われている。人々は、地域が本来有してきた風土、伝統、文化から生成される良さ、美しさを取り戻すことを求めている。しかも、多くの人々は地域を良くすることに積極的に参加したいと言っている。だが100人いれば、100の意見がある。100の意見を1つにまとめることはできない。科学的なデータを用いて、人々が100の意見から取捨選択するのである。

　社会との接点が少ない学生にとって、今回の課題を解く具体的な行動は2つあろう。提案作成に一緒に取り組む学生同士でよく考えることと、多くの人の話を聞くことである。また、情報ハイウェイ構想がめざしたような、新しい情報技術の取込みにも可能な限りチャレンジしてほしい。

北海道釧路市内を流れる釧路川と幣舞（ぬさまい）橋

予選

予選審査総評

地方発進！ 「脱・横並び」

田村 亨（審査員長）

　応募された35作品はどれも、若者らしく新鮮でエネルギッシュで、アイディアにあふれるものであった。事前に送付されたポスター画像には、写真や手書きのイラスト、文章、図表などが色彩豊かに配置されていて、伝えたいことが、物語を読んでいるように審査員の頭と心に入ってきた。

　予選の選考過程で差がついた理由は、今回の課題テーマである「脱・横並び」にあったと思う。どの作品も、まず、対象を決めて、それに関わるデータや関係者へのヒアリングなどをていねいに行なっていた。それを踏まえて次に、「個性」や「地域のシンボル」さらには「地域を良くしたいという地元の人々の能動性を向上させること」に着目して、「脱・横並び」の工夫をしていた。主に、この工夫の点で、評価に差がついたということである。

表2　予選——得点集計結果

作品番号	作品名	高専名（キャンパス名）	予選採点				
			地域性[12点]	将来性[12点]	自立性[12点]	具体性[12点]	合計[48点]
04	みんなでつくる集いの蔵	都城高専	11	11	11	12	45
12	堀を語ろう	秋田高専	10	12	10	9	41
26	福祉×農園	岐阜高専	9	11	10	11	41
21	エコ先進県岐阜	岐阜高専	10	9	10	10	39
28	下宿から始まり駅に向かう	石川高専	9	10	10	10	39
18	将監で見守る、みんなと繋がる	仙台高専（名取）	9	9	10	10	38
11	杉板を焼いて黒くする！ビジネス	明石高専	9	9	9	10	37
17	虎嘯風生	仙台高専（名取）	11	8	10	8	37
34	三湯が築く一つのまち 加賀温泉	石川高専	10	8	9	10	37
20	VRで織りなす過去と現代の交錯点	岐阜高専	9	10	8	9	36
35	舞鶴行動	舞鶴高専	7	12	6	11	36
03	愛川 おやじネス	サレジオ高専	10	8	8	8	34
14	林☆林　トレイン	米子高専	8	9	7	9	33
25	川の家	岐阜高専	9	8	6	9	32
01	いんなーらくたま	サレジオ高専	8	7	7	8	30
05	RINNOVATION	明石高専	9	7	7	7	30
16	さくなみゅにけーしょん	仙台高専（名取）	8	8	7	7	30
24	狩りぐらしのジビエッティ	岐阜高専	9	7	7	7	30
27	アイの郷、いばきたの森	大阪府立大学高専	8	8	6	6	28
30	アットホーム長野	長野高専	8	7	6	7	28
09	乗って残そう、未来の栗生線　未来の三木駅	明石高専	8	6	7	6	27
22	安全と野菜を運ぶ新聞配達隊	岐阜高専	7	7	5	8	27
02	よるかん半島	サレジオ高専	8	7	5	6	26
15	農業って大変だへん？	米子高専	8	7	5	6	26
13	国来、来	米子高専	7	7	5	6	25
23	間伐材はんぱないって！	岐阜高専	6	6	7	6	25
29	くらすすざか　くらすざか	長野高専	7	7	6	5	25
32	地産地消を目指して	鈴鹿高専	7	6	7	5	25
08	京、なにわをはじめます。	明石高専	7	6	6	5	24
33	GO NEXT　上分	阿南高専	6	5	7	5	23
10	新生、船場物語	明石高専	7	4	4	6	21
19	Evonaka	岐阜高専	6	5	5	5	21
31	わたしはカムイ	釧路高専	4	5	5	5	19
07	ミコループ	明石高専	5	4	4	5	18
06	お城の見える集会所	明石高専	5	4	4	4	17

註
＊予選採点の各評価指標の点数は、各審査員が4点満点で評価した点数を合算したもの（開催概要〈予選〉参照）
＊表中の　　は予選通過
＊表中の作品名はサブタイトルを省略

予選審査経過

　応募数は、昨年より少ない35作品であった。事前準備を経て、2018年9月26日に予選審査を実施した。この予選審査は、当初20日に実施する予定であったが、9月6日に発生した北海道胆振東部地震に伴うJR北海道の列車の運行状況を考慮し、26日に延期された。

　審査では応募作品の高専名と氏名を伏せ、各審査員が4つの指標（地域性、将来性、自立性、具体性）について、各4点満点、合計16点満点で応募作品を評価した。予選審査会場のHiNTセミナースペースでは、テーブル上に、応募35作品を概ね9作品ずつ作品番号順に積み上げ、4つの山（作品群）を作った。審査員は1人ずつに分かれ、それぞれ積み上げられた作品群ごとに、順に審査を進めた。

　審査開始時には、審査基準ならびに評価指標の採点方法を確認した。また、採点表のコメント欄に記載された内容は、予選通過作品の応募学生に、審査員からの「ブラッシュアップの要望」として伝わることを説明した。

　個別審査は13:10に開始した。事前にクラウドサービスを通じて予選ポスターの画像データを審査員と共有していたこともあり、審査員たちは、およそ各作品の評価をすでに済ませて審査に臨んでいるようであった。1つの作品群の審査を終えると、採点表を事務局が受け取り、審査員は空いている作品群の前に移動して審査を続けた。

　14:00に田村審査員長が審査終了、14:05に竹内審査員が審査終了、14:10に金子審査員が審査を終了した。その後、すぐに採点結果の集計に取り掛かり、集計結果を1位より順に作品とともに開示（表2参照）。これを踏まえて、14:15から田村審査員長の主導により審査員3人による審議が行なわれた。

　予選通過は10作品程度を目途としていた。最初に、合計点が40点台の3作品（[04][12][26]）は、文句なく予選通過作品として選ばれた。この段階では、合計点順に作品を並べた時に、どの作品までを予選通過作品とするかが審査の焦点になったと言える。

　残る上位作品の一部に対して、審査員たちから「このデザインは美しいが、（背景となる）問題があまりないのでは」（[17]）、「これはすでに計画が進展しており、後は事業化するだけでおもしろ味がない」（[18]）といった意見が出た。そうした中、「地に足の着いたプランが多い中で、この作品は非常に学生らしい提案」（[35]）という金子審査員の意見を皮切りに、同作品に対する審査員全体の評価が高まる。結果として、36点以上の11作品が予選通過作品として選定された。

（山崎 俊夫　函館高専）

＊文中の[　]内の2桁数字は、作品番号。

開催概要（予選）

予選エントリー受付
2018年9月7日（金）までに、35作品のエントリーシートを受理。なお、応募作品のポスターについては、8月28日に発生した台風21号の影響ならびに9月6日に発生した北海道胆振東部地震の影響を受け、到着が9月11日にまでずれ込んだ。

予選審査準備
35作品の電子データを、クラウドサービスを通じて3人の審査員と共有。高専名と氏名は伏せ、作品名とエントリーシートの提案主旨のみを記載。作品番号、作品名、ポスター画像のサムネイルを記載した採点表（16点満点＝4点×4指標）と予選作品選考基準を審査員に事前に送付。

予選審査
【日時】2018年9月26日（水）13:00～16:00
【会場】R＆Bパーク札幌大通サテライト HiNT　セミナースペース
【事務担当】
佐藤 彰治、田中 誠（釧路高専）、山崎 俊夫（函館高専）
【予選提出物】
プレゼンテーションポスター：A2判サイズ（横向きまたは縦向き）、3mm厚程度のスチレンボードに貼りパネル化（応募者の氏名・所属の記載不可）、裏にエントリーシート貼付け（審査時には上部の作品番号記載部分のみを残して切取り）
プレゼンテーションポスターの画像データ
【予選通過数】11作品（37人、7高専）
【予選評価指標】
①地域性（地域の実情等を踏まえた施策）
　客観的なデータにより各地域の実情や将来性を十分に踏まえた持続可能な提案であること
②将来性（夢の持てる前向きな施策）
　地域が主体となり行なう、夢の持てる前向きな提案であること
③自立性（自立を支援する施策）
　地域・企業・個人の自立に資するものであり、「ひと」「しごと」の移転・創出を含み、特に外部人材（対象範囲の外部の人材）の活用も含め「ひと」づくりにつながる提案を含むこと
④具体性（結果を追求する施策）
　プロセスのみでなく、めざすべき成果（目標）が具体的に想定されていること
【評価点数】（各指標を4段階評価）
4点：特にすぐれている／3点：すぐれている／2点：普通／1点：劣っている
【各作品の合計得点】
48点満点＝各審査員16点×3人

予選通過作品講評

本選に向けたブラッシュアップの要望

審査員：田村 亨（審査員長）、金子 ゆかり、竹内 正信

04 都城高専
みんなでつくる集いの蔵 ── 宮崎県都城市庄内町・社会実装プロジェクト

よく練られたプロジェクトである。具体性がとても高く、注目している。「まちづくりの部活動化」がキーコンセプトであろう。大変良くできているが、イベントでのアンケート結果を利用しているために、意見が片寄っている印象を受けてしまうところが惜しい。10年後の「高齢者の卒部」は果たして必要であろうか。本選のプレゼンテーション（口頭発表や展示）においては、何か目玉となるものを表現してもらいたい。

11 明石高専
杉板を焼いて黒くする！ ビジネス ── 但馬・丹後の日本海沿岸の建物に活用するために

ワークショップを主催する動機について、もう少し強調する表現にできないだろうか。外部のサポーターはどのようにして集めるのか。杉材の生産や利用について、現状を示すデータなどがあったほうが良い。果たしてビジネスとして成立するのか、概算でもいいので、ぜひ試算をしてもらいたい。

12 秋田高専
堀を語ろう ── 秋田市佐竹小路のクリエーターによるまちづくり

佐竹小路の新しいブランドは何であるのか、青写真における行政の役割は何か、について示してほしい。アイディアはよくわかるが、具体的に運営するシステムなどがわかりにくい。まちづくり、地域づくりは「コア」な人たちを中心に劇的に進むことがある。コアな活動をどう広げていくのか、知恵を絞ってもらいたい。

17 仙台高専（名取）
虎嘯風生

組織図における「商店街・住民」と「観光客」は、どのようにこの企画に参加するのかが不明瞭。色を核としてまちづくりを考えている点が良い。コストなどを圧縮しているが、内容に疑問を感じる。伝統の祭を、地域全体のものとして、さらに新たなコスト減の取組みによって維持していこうという試みである。新たな住民を巻き込む視点が大切だ。ぜひ地域の反応を聞き出してもらいたい。

18 仙台高専（名取）
将監で見守る、みんなと繋がる

保育園に行かない子供も視野に入れてはどうだろうか。この提案では、子供たちの姿がよく見えない。オープン後の活動を、どうつなげ、どうマネージメントしていくのかが不明瞭。高専の学生ならではの参加目的をもっと強調する表現にしてもらいたい。代替わりのある高専としての関わり方をどうするのか、よく検討してほしい。

20 岐阜高専
VRで織りなす過去と現代の交錯点 ── 視て感じる岐阜市の歴史

現代的な作品である。「まち全体をVR体験空間とする」というしくみを誰が運営するのか不明瞭。「現代と過去」のように、具体的に比較ができる画像があるともっとイメージしやすくなるのではないか。具体化するにはさまざまな課題があるが、まずはアイディア、夢を大切にしてもらいたい。夢に地域を巻き込んで、人のつながりからスタートしてほしい。

＊2018年9月26日　予選審査で3人の審査員が執筆したコメントを合体

00：数字は作品番号

21　岐阜高専
エコ先進県岐阜　── 導きは岐阜高専マイクロリサイクル

木質ペレットのどこの部分が新しいブランドなのか、また、それをどのように売り出したいのかが不明瞭。ペレットを作るための経費も必要である。「削減した費用で」と言うよりも、販売と結び付けて利益を得られるサイクルを強調してもいいのではないか。ペレットと猫砂の比較をしっかりと行ない、事業性の確認をしてもらいたい。

26　岐阜高専
福祉×農園　── 園児と高齢者の楽しい農業

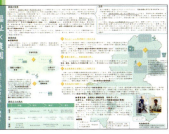

4つの活動をマネジメントする組織が必要ではないか。よく調査してあるが、グラフなどを入れるとさらに説得力が増すと思われる。全体的なコストについては検討していないのか。全国的に「農・福」連携の動きが広がり始めている。ビジネスではないからこそ、高専の力を発揮できる部分があるはずである。

28　石川高専
下宿から始まり駅に向かう　── 六の段階で津幡町が変わるまで

時系列に沿ってストーリーが発展していく提案であり、おもしろい。協働する多様な主体を束ねる組織が必要ではないか。どの街でも問題になっている内容なので、冬期の山間部の事情を把握しやすいデータなどがあるとより良くなる。果たして現代の若者（高専の学生）が下宿で生活できるのか。また、高齢者が若者を下宿させるであろうか。具体性に深みをもたせるために、さらに調査、検討をしてもらいたい。

34　石川高専
三湯が築く一つのまち　加賀温泉

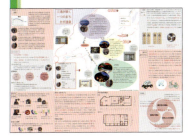

各湯と三湯のコンセプト・ロゴを提案しているが、三湯を統合するブランディングは何であるのかが不明瞭。それを組織的に練る組織が必要ではないか。裏付けとなる具体的なデータがもう少しあるとさらに良い。三湯が力を合わせるメリットや効果を、もっと掘り出してもらいたい。旅館の経営難が言われる中で、民泊との棲み分けをどうするのか、よく検討してもらいたい。

35　舞鶴高専
舞鶴行動

若者らしい提案である。思い切った内容だが、もう少し具体的なプランを記載したほうが良い。ゾーン分けだけでは、提案としてつまらない。夢が弾けた作品であるが、弾けた夢を具体化するために、説得力の出る内容になるよう検討してもらいたい。

107

予選

予選24作品

00 : 数字は作品番号

創造デザイン

いんなーらくたま —— inner part（奥）＋ interaction（相互作用）＋（多摩）

01 サレジオ高専

◎上野 心、剣持 蓮、齋藤 由佳、深澤 里美［デザイン学科2年］

よるかん半島

02 サレジオ高専

◎山本 啓太［電気工学科3年］／宮坂 侑奈（3年）、沼倉 美羽（2年）［デザイン学科］

愛川 おやじネス —— お父さん（おやじ）×ビジネス

03 サレジオ高専

◎櫻井 詠大（3年）、坂井 隼（2年）、渡辺 良生（1年）［デザイン学科］

RINNOVATION —— 空き家を民泊に

05 明石高専

横野 貴哉［建築学科4年］

お城の見える集会所 —— 育てて売って自給自足

06 明石高専

櫻本 義人［建築学科4年］

ミコループ

07 明石高専

◎植田 拓夢、佐藤 心哉、田村 瑞樹、辻本 直哉［建築学科2年］

京、なにわをはじめます。

08 明石高専

樹下 晴香［建築学科4年］

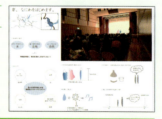

乗って残そう、未来の粟生線　未来の三木駅

09 明石高専

名田 彩乃［建築学科4年］

新生、船場物語 —— 歴史ある街に新しい風を

10 明石高専

岡 ゆきの［建築学科4年］

国来、国来 —— 現代で行う国引き神話

13 米子高専

土岐 幸平、河口 敦哉、川崎 綾華、◎宮本 菜々子［建築学科5年］

林☆林 トレイン —— 林業を救う木炭SL

14 米子高専

◎岡田 仁子、高嶋 優里、友定 侑里、福田 李怜、灘 真里奈［建築学科5年］

農業って大変だへん？ —— 助っ人システムによる労働力の軽減

15 米子高専

◎新 風華、有松 和大、小椋 陽花、新田 菜々子、野間 彩加［建築学科5年］

*氏名の前にある◎印は学生代表

さくなみゅにけーしょん

(16) 仙台高専（名取）

◎笠原 緑子、日下 瑞菜、佐藤 優、髙橋 遼伍、横山 瑞子［建築デザイン学科5年］

Evonaka——中津川革新計画

(19) 岐阜高専

◎大野 可南子、水野 侑華、三宅 咲良、諸橋 果歩、渡辺 歩［環境都市工学科5年］

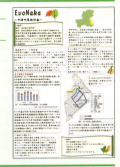

安全と野菜を運ぶ新聞配達隊——新聞配達で地域を守る

(22) 岐阜高専

京田 達郎、堺 公香、◎山本 祥太郎［環境都市工学科5年］

間伐材はんぱないって！

(23) 岐阜高専

武藤 丈瑠、森 勇人、◎渡辺 翔太［環境都市工学科5年］

狩りぐらしのジビエッティ

(24) 岐阜高専

◎岩月 雄登、伊藤 広大、岩田 健吾、上野 諒平、小塩 将寛［環境都市工学科5年］

川の家

(25) 岐阜高専

上田 樹、大平 晃基、蜂谷 敏志［環境都市工学科5年］

アイの郷、いばきたの森

(27) 大阪府立大学高専

平子 遼［総合工学システム専攻土木工学コース専攻科2年］

くらすすざか　くらすざか——暮らす須坂　蔵須坂

(29) 長野高専

小林 巧、◎清水 大輔、野口 達也［環境都市工学科5年］

アットホーム長野——集え！　新たな観光名所「宿場街」

(30) 長野高専

◎千田 羊一、清水 歩、近藤 希、林 龍之介、田尻 晴美［環境都市工学科4年］

わたしはカムイ

(31) 釧路高専

山下 光［建設・生産システム工学専攻専攻科1年］

地産地消を目指して——コメットさん・ラボ

(32) 鈴鹿高専

◎山下 昂輝［生物応用化学科3年］／阿部 琴音［材料工学科1年］／坪井 未来［電子情報工学科1年］

GO NEXT　上分

(33) 阿南高専

◎白石 智也、清水 宏太［創造技術工学科建設コース3年］

109

審査員紹介

創造デザイン

審査員長

田村 亨
たむら とおる

北海商科大学　教授

1955年	北海道札幌市生まれ
1978年	北海道大学工学部土木工学科卒業
1980年	北海道大学大学院環境科学研究科環境計画学専攻修士課程修了
1983年	同大学院工学研究科環境計画学専攻博士課程修了。工学博士
1983-86年	東京工業大学工学部土木工学科 助手
1986-89年	北海道大学工学部土木工学科 助手
1989-91年	筑波大学社会工学系都市計画学専攻 講師
1991-2002年	室蘭工業大学工学部土木工学科 助教授
2002-12年	同教授
2010年	国土交通省社会資本整備審議会道路分科会（国土交通省道路局）委員
2012-17年	北海道大学大学院工学研究院土木工学専攻 教授
2014年-	国土交通省国土審議会北海道開発分科会計画推進部会（国土交通省北海道局）委員
2017年-	北海商科大学商学部商学科 教授

主な活動

有志による「北海道小町村再生研究会」のメンバーとして、北海道の陸別町と雄武町のまちづくりを支援（2016年度、2017年度）。北海道「防災会議地震専門委員会の地震津波対策推進に係る専門家派遣事業」で稚内市の防災計画立案を支援（2017年度）。国土交通省北海道局「北海道価値創造パートナーシップ会議」の総括ファシリテータを務める（2017年度、2018年度）。福島県「福島空港に関する有識者会議」座長として東日本大地震以後の空港活性化計画を立案中。札幌市「丘珠空港の利活用に関する検討会議」委員を務め、住民説明会と意見交換会にオブザーバーとして参加（2018年度）。

主な著書

『空港整備と環境づくり』（編著、1995年、鹿島出版会）、『社会資本マネジメント』（共著、2001年、森北出版）、『最適設計ハンドブック』（共著、2003年、朝倉出版）、『交通社会資本制度』（編著、2010年、土木学会）、『土木計画学ハンドブック』（共著、2017年、コロナ社）など

金子 ゆかり
かねこ ゆかり

建築家

1966年	北海道釧路市生まれ
1990年	北海道東海大学芸術工学部建築学科卒業
1990-96年	武田建築設計事務所に勤務
1996年-	金子設計事務所に勤務
2015年-	同社　取締役

主な活動

事務所では、建築設計をはじめ、まちづくり支援、防災教育を中心とした防災に関するプロジェクトに携わる。

その他、2005年より市民団体の事務局として「釧路発祥の地」を盛り上げ、地元活性化のための活動を続けている。また、近年は厳冬期に灯火で町中を装飾するイベント「啄木・雪あかりの町・くしろ」を通し、子供たちにまちづくりへ参加する機会を提供したり、港を通した官民一体によるまちづくりの取組みである、釧路港に寄港するクルーズ船歓迎事業など、北海道釧路市を中心とした活動に幅広く携わる。

釧路市都市計画審議会委員、北海道大規模小売店舗立地審議会特別委員、北海道建築士会釧路支部　女性委員長、釧路観光コンベンション協会　理事、くしろ橋南西ゆめこい倶楽部　事務局、「啄木・雪あかりの町・くしろ」事務局、釧路港おもてなし倶楽部　副実行委員長を務める。

まちづくり、防災関連の主なプロジェクト

釧路総合振興局　釧路管内地域防災力強化促進モデル事業、津波被害が深刻と考えられる沿岸3地域（釧路町、白糠町、浜中町）にて災害図上訓練DIGおよび避難所運営ゲームHUGの研修会開催（2012年）、釧路市新橋大通地域まちづくり協議会「地域防災避難マップ」作成、同協議会「新橋大通地域 魅力づくりプラン」計画書策定、釧路総合振興局　厚岸町災害図上訓練（DIG）研修会（全2回）開催（2013年）、釧路町地域づくり研修会　避難所運営ゲーム（HUG）実施委託業務（遠矢地区、2013年／昆布森地区、2014年／東陽地区、2015年）、釧路市新橋大通地域まちづくり協議会　津波避難訓練の企画運営（2014年）、釧路町内水ハザードマップ策定委託業務（2015年）、釧路町地域づくり研修会避難所運営ゲーム（Doはぐ）実施委託業務（セチリ太地区、2016年／別保地区、2017年）など

竹内 正信
たけうち まさのぶ

国土交通省　職員

1966年	北海道小樽市生まれ
1989年	北海道大学農学部林学科卒業　建設省（現・国土交通省）入省
1989-99年	建設省（現・国土交通省）北海道開発庁（現・北海道局）に在籍
1999-2002年	建設省（現・国土交通省）河川局河川計画課　課長補佐　JICA長期専門家としてインドネシア共和国に派遣
2002-05年	国土交通省北海道開発局室蘭開発建設部治水課　課長
2005-07年	同省同局参事官付　開発専門官
2007-09年	同省同局建設部河川計画課　課長補佐
2009-11年	同　河川企画官
2011-13年	同省北陸地方整備局黒部河川事務所　所長
2013-14年	同省北海道開発局帯広開発建設部　次長
2014-15年	同省同局札幌開発建設部　次長
2015-17年	同省同局事業振興部都市住宅課　課長
2017年-	同省同局開発監理部開発調整課　課長

主な活動

主に北海道、北陸、海外（インドネシア共和国）などで治水事業、土砂災害対策、火山防災、道路計画、都市事業を中心とするプロジェクトに携わる

AM (Additive Manufacturing) デザイン部門

課題テーマ

スポーツ支援アイテム開発

　2020年に東京で開催されるオリンピック・パラリンピック。人種、性別、障害の有無などの多様性を互いに認め受け入れる、平和を象徴する世界的な祭典だ。この理念と同様に、これからの技術者には、グローバルな視点を持ち、地域性、高齢者、社会的弱者などの多様性に伴う問題を技術的に解決することが求められている。

　そこで、3Dプリンタによる造形技術を活用し、競技スポーツだけでなく、生涯スポーツも含めた各種スポーツを支援する新たなアイテムを開発してほしい。

タイムライン

予選
2018.09.03-09.07　予選応募
2018.09.21　　　　予選審査

☐ 予選応募作品　25

☐ 本選参加作品　9

本選
2018.11.10　プレゼンテーション
2018.11.11　ポスターセッション
　　　　　　審査結果発表、審査員総評

☐ 受賞作品　5

　最優秀賞（経済産業大臣賞）
　　⑭ 津山高専『Tリーグファン養成ギプス』
　優秀賞
　　⑤ 福井高専[C]『サウンドディスク──ディスク周りの流れる空気をキャッチ』
　　⑥ 仙台高専（名取）[A]『変幻自在！　みんなが「ハニカム」サポーター』
　審査員特別賞
　　⑪ 弓削商船高専『ダーツ競技のための3Dプリントシステム』
　　⑱ 茨城高専『円盤投射機』

113

⑭ 津山高専 卓球練習用具

最優秀賞
経済産業大臣賞

Tリーグファン養成ギプス

井上 花菜［機械工学科4年］
担当教員：塩田 祐久［総合理工学科］

AMデザイン

審査講評

▶卓球における打球時の正しい手首の角度を習得するための装具を付加製造（AM）で製造しようという作品。付加製造をカスタマイゼーションに適応するという活用性が明確に示されている。また、生活必需品ではないスポーツに適用したことで、生活の質の向上を望む消費者への受け入れられやすさも高くなっている。

（新野 俊樹）

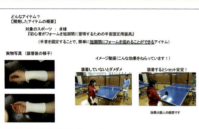

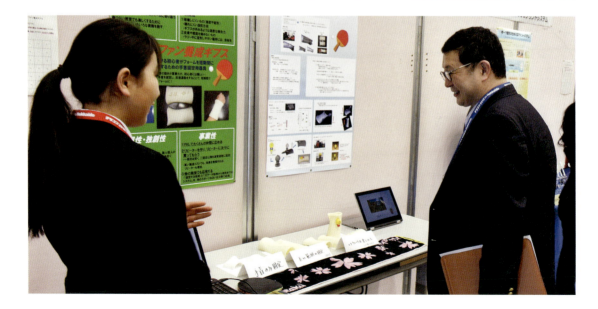

114　デザコン2018 北海道

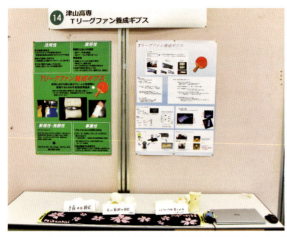

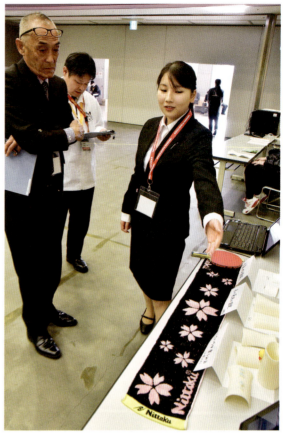

○○ : 数字は作品番号
　　（本書114～120、130～133ページ）

＊本書114～120、130～133ページの氏名の前にある◎印は学生代表
＊高専名は、高専名（キャンパス名）[チーム名] で表示
＊チーム名の[A][B][C]は、同一高専から参加した複数のチームを区分するためランダムに付けられたもの

優秀賞

05 福井高専 [C]

フライングディスク発音体

サウンドディスク —— ディスク周りの流れる空気をキャッチ

小林 大貴［生産システム工学専攻科2年］／◎松田 英孝［機械工学科5年］
担当教員：安丸 尚樹［機械工学科］

審査講評

▶付加製造（AM）の特長の1つは、他の加工法では実体化できない複雑な形を加工できることにある。この特長の使い道の1つに、今まで使えなかった科学を実際の製品の付加価値向上に利用することがある。本作品は付加製造の良さを流体力学と音響工学の活用に利用し、さらにディスクに組み合わせることで新たなデバイス（装置）を作り上げている。　（新野 俊樹）

116　デザコン2018 北海道

優秀賞

06 仙台高専（名取）[A] サポーター

変幻自在！ みんなが「ハニカム」サポーター

◎佐藤 駿介、安達 燿、作田 真哉、佐藤 寛助 [機械システム工学科4年]
担当教員：濱西 伸治 [総合工学科]

審査講評

▶付加製造（AM）の「複雑な形を実体化できる」「カスタマイゼーションを安価に実現できる」という2つの特長をサポーターに利用したものである。製造に付加製造技術を使う提案だけでなく、カスタマイズをするためのソフトウエア（CAD）システムにまで配慮があり、きわめて完成度の高いビジネスモデルを提案したことを高く評価した。
（新野 俊樹）

審査員特別賞

⑪ 弓削商船高専

オリジナルダーツ製造

ダーツ競技のための3Dプリントシステム

◎弓戸 鼻生、若松 芽生、西原 健朗、山田 陸 [電子機械工学科5年]
担当教員：瀬濤 喜信 [電子機械工学科]

審査講評

▶今回の課題テーマに合った作品であり、良いアイディアだ。ターゲットとするユーザーをもっと絞って、ビジネスモデルとして成立するように、コスト計算などを改善すると、さらに良くなるのではないだろうか。

（松田 均）

審査員特別賞

⑱ 茨城高専

投射補助具

円盤投射機

佐藤 美月 [機械システム工学科5年]
担当教員：冨永 学 [国際創造工学科機械・制御系]

審査講評

▶フライングディスクは、提案者の調査どおり参加者が多く気軽に楽しめる競技だ。今後も拡大する高齢化社会において普及できれば健康維持に貢献するアイテムになる可能性を秘めている。しかし、提案者がすでに気づいているように、競技性をどのように担保できるのかが課題。また、安全性を示せなければ競技自体が成り立たなくなる。円盤投射機には、課題テーマに沿った独創的な思考があり、開発者としての意気込みが感じられた。提案には既成概念を超える力があり、今後の展開に期待できる。

（川道 昌樹）

本選作品	⑨ 神戸市立高専 [A]		3D蹄鉄

3D Horse Shoes ── 全ての馬・人・自然にフィットする蹄鉄を!

◎大松 成輝、熊澤 武史 [機械工学科5年]
担当教員:宮本 猛 [機械工学科]

本選作品	⑰ 旭川高専		靴のソール

Dpsアウトソール

◎石下 真鈴(3年)、田原 奨真(2年) [機械システム工学科]
担当教員:石向 桂一 [機械システム工学科]

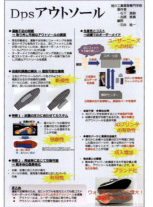

本選作品	㉑ 鶴岡高専 [A]		ポールスタンド

VonoKui ── ボノ杭

◎佐藤 建、桑島 武之 [創造工学科電気・電子コース4年]/奥山 翔太[*1] [創造工学科化学・生物コース2年]/阿部 拓夢 [創造工学科1年]
担当教員:和田 真人 [創造工学科機械コース　デザイン工学分野]　　　　　　　　　　　　　　　　　　　　　　　　　　註　＊1:本選は不参加

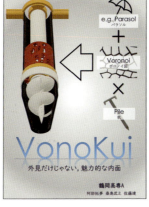

本選作品

(22) 鶴岡高専[B]

靴紐代替品

Tie 0 binder
（たいおーばいんだー）

磯貝 勇人［創造工学科機械コース4年］／◎佐藤 大拓［創造工学科情報コース2年］／成田 卓磨[*1]［創造工学科化学・生物コース2年］／本間 友乙乃［創造工学科1年］　　担当教員：和田 真人［創造工学科機械コース　デザイン工学分野］

註　*1：本選は不参加

AMデザイン

09

120　デザコン2018 北海道

本選

本選審査総評

新たな価値創出のプレーヤー

新野 俊樹（審査員長）

新しい製品による「便利」「喜び」の創造

　言い過ぎをお許しいただければ、アップル社がiPhoneを上市するまで、世の中にスマートフォン（以下、スマホ）を必要とする人はほとんどいなかった。一方、スマホがこれだけ広まった今、スマホがなくなると困ってしまう人はたくさんいる。「誰も欲しくないものを作って、みんなに喜ばれた」わけであり、これはすごく不思議なことである。しかし、この不思議なことこそがイノベーション（の1つ）であり、新たな価値の創造である。

　新たな価値の創出プロセスにおいて、誰かに便利を届けて「誰かが喜ぶ」とか「誰かが気持ちよくなる」方法を考えるのがデザインで、その役割を担うのがデザイナー、「誰か」に当たるのはユーザーである。そして、新しい製品による「便利」や「喜び」の創造には、もう1人、重要なプレーヤーがいる。マニュファクチャラー（製造者）である。

AMはマニュファクチャラーの新たな道具

　マニュファクチャラーは、デザイナーが考えた方法を実体化する役割を担っており、マニュファクチャラーの技能や道具立ては、実現できる機能や、ユーザーが製品を手に入れるために支払う対価に大きなインパクトを与える。そして、付加製造（AM＝Additive Manufacturing）は、マニュファクチャラーが比較的最近手に入れた道具の1つである。

　付加製造は「3Dプリンタ」と呼ばれ、あたかも何でもできる魔法の箱のようなイメージが先行したが、加工できる材料は限定的で、精度は低く速度も遅い。さらに、多くの場合は製造コストも高く、従来の加工技術の基準で見ると実は大したことない。では、採るべきところは何なのかと言えば、1つは、従来の加工法では実体化できなかった複雑な形状の部品を加工できること、もう1つは、樹脂のように成形加工を前提としてきた材料で品物を1つだけ製造した時のコストが安く、生産の立ち上がりも速いことにある。

　デザコンのAMデザイン部門では、これらの特長をいかにユーザーの「喜び」や「便利」につなげるかが競われた。

「複雑さ」の新案、「カスタマイズ」には多くの課題

　今回、付加製造が提供する「複雑さ」を利用することによって、流体力学や材料力学などの科学を今までになかった形で活用しようとする作品が見られたのは、とても良かった。一方、工法を先に決めて製品をデザインしたために、確かに喜びは提供できるのだけれど、実は別のもっと安価な加工法でも製造できたという落とし穴に陥っている作品も散見された。

　単品生産が容易であることを活用して、カスタマイズ（使用者のニーズに応じた仕様の変更）を前面に押し出した作品も多く見られた。大量生産は、同じ設計の製品を大量に製造することで、製品の単価に占める設計コストと製造コストの割合を低減させる手段であり、人類が発明した英知とも言える。カスタマイズは、その流れに逆行するものであり、その活用にはそこから得られる付加価値が圧倒的であることが必須である。昨今の成功例を見ると、製品が使用される場や対象のユーザーを限定する、といった工夫を施すことが多い。また、付加製造の製造コスト、特に樹脂製品の製造コストは、確かに大量生産の方法で単品を製造するのに比べれば低いが、100円均一ショップのような価格は実現できない。一方、設計コストに関しては、付加製造技術は何もしてくれない。したがって、付加製造によるカスタマイゼーションには、計算機を援用した自動、少なくとも半自動と呼べるような設計手法が必須である。

関係各者とともにビジネスのモデルを視野に

　今回の応募作品には、設計に関わる言及が少なかったのは気になった。カスタマイズの価値は製品単体の機能を見ているだけでは評価できない。ユーザーとどのように関わり、製品やサービスをどう届けるかといったビジネスのモデルまで考える必要がある。そのようなビジネスモデルの中で付加製造という製造技術は、もはや中核技術である必要はなく、むしろ設計や新しいサービスの形がビジネスの中心になる場合も多いだろう。

　今回のデザコンでは、付加製造技術で作られた製品を作品とし、その機能を競うものが多かった。特にカスタマイゼーションの形で利用した場合の付加製造の価値は、1つ1つの製品の機能向上という面もあるが、むしろ、それを利用したサービスの利便性にある場合が多い。

　デザコンの応募者、未来のデザイナーには、単に製品を設計するだけに留まらず、ユーザー、マニュファクチャラー、デザイナーという3者の関わりの中で、あらゆる手段を駆使してユーザーの便利と喜びを演出する完結したストーリーを描いてほしい。

本選

斬新な発想が未来を変える

川道 昌樹（審査員）

本質的な価値をつくる

　多様性の時代を迎え、社会でこれまで「あたりまえ」と思われていたことを、技術者は「あたりまえではない」と考えて、既成概念にとらわれず開発に取り組むことが求められている。デザイナーや開発者の勝手な思い込みだけでは、既成の概念を払拭できず「あたりまえ」の範疇に留まった製品になってしまう。新規性、独創性はその「あたりまえ」を超えたところにある。

　ハンディキャップを持つ人への支援アイテムを思考する時、論理的な思考で開発しようとすればユーザーから離れ、ユーザーに寄り添い過ぎると客観性が失われてしまう。一見矛盾するところに、課題解決に欠かすことのできない重要な要素が隠れているのだ。ロナルド・メイス[*1]は「障害のある人を特別視せずに、あらゆる人が快適に暮らすことができるデザイン」ユニバーサルデザインを1980年代に提唱した。これからの製品開発においても同じかもしれない。すべての人が違和感なく楽しめるスポーツ支援アイテムは正に現場からである。

創造する楽しさ

　デザコン2018のAMデザイン部門の審査員として参加し、さまざまな機能のデザインや思案を形にした作品に触れることができた。参加作品それぞれには、課題解決のテーマ決めから調査などまで、いくつもの課題を乗り越えてきた形跡が見受けられた。また、プレゼンテーションの審査では、「当初の考え方では課題を解決できずスティックピクチャー（線描による人間の動作観察）を使って人間工学の視点からデータを集積したことで課題解決につながった」など、審査員の質問へのていねいな受け答えに発表者の熱意や志の強さが感じ取られ、審査をしていて楽しかった。

　製品には、人に感動や喜びを与え、生活の質を変える力がある。自分で考案したものが感謝されながら購入される。正に物づくりの極みがここにある。今回、多くの作品や考案した学生諸君とふれ合い、AM技術が若者の手により大きく飛躍する可能性を目のあたりにした。今後は他の技術と融合させて、新たな物を創造してくれることを期待している。

3Dプリンタならではのアイディア多数

松田 均（審査員）

あと一歩の惜しい作品も

　本選に参加した作品は、いずれもアイディアが良く、3Dプリンタの特長をよく理解した上での提案であった。プレゼンテーションも楽しく拝見した。しかし、今回は予選通過発表から本選までの期間が短かったこともあり、もう少し工夫を凝らして、指摘に対する解決策を提示できれば、評価が上がったのではないかと思える、惜しい作品もあった。

次世代の3Dプリンタを見据えて

　現在のAM（付加製造）技術は、まだ使いこなすのが大変かもしれないし、コストが高すぎるかもしれない。しかし、進歩の過程にあるので、技術革新によって、5年後、10年後には、もっと手軽に、もっと低コストで使える3Dプリンタが日本で普及しているだろう。

　世界では、3Dプリンタに新しい機能などを加えて、さらに付加価値の高い製品を作る競争が、すでに始まっている。日本のものづくりは、高機能で高品質の製品を提供できることが強みであり、これから競争が激しくなっていく中でも、十分に力を発揮できるだろう。

　参加した学生たちが社会に出て、新しいアイディアと情熱をもって、日本のものづくり産業の中で大いに活躍してくれることを期待する。

註
*1　ロナルド・メイス：（Ronald Mace、1941-98年）アメリカ合衆国の建築家、プロダクトデザイナー、教育者。ノースカロライナ州立大学で教鞭を執った。身体に障害があり、ユニバーサルデザインの7原則を提案。

本選審査経過

※ 数字は作品番号(本書123〜125ページ)
＊文中の作品名は、サブタイトルを省略。高専名(キャンパス名)［チーム名］『作品名』[作品番号]で表示

昨年から格段にグレードアップした本選作品

会場設営、オリエンテーション：
プレゼンテーションとポスターセッションは会場を分けて開催

　本選前日の13:30より会場の設営を開始した。今回の会場は200人収容の大ホールCをAMデザイン部門のみで使用できたことや、昨年より本選参加作品が減ったことにより、会場の半分をプレゼンテーション(口頭発表)の審査会場、残り半分をポスターセッションの審査会場に分けて使用しても余裕のある広さとなった。

　予選に応募された全作品のエントリーシートを掲示して、本選に進めなかった作品を本選参加者や来場者が見られるように配慮した。本選に参加した各作品の展示ブースには、余裕を持ってA1判サイズのポスター2枚分が貼れるだけの幅を確保。ポスター手前に作品展示のためのテーブルを配置し、100V電源1口を用意した。

　本選1日めの9:00から、参加作品の受付をAMデザイン部門会場の入口で開始。受付では到着した作品から順に、プレゼンテーションでの口頭発表用資料とポスターの各電子データを受け取って実行委員会のパソコンに保存し、口頭発表の順番を決めるくじを引いてもらった。受付を終了した作品から随時、ポスターセッション会場の各作品に割り当てられた展示ブースにポスターと作品の展示をしてもらった。

　開会式の後に、AMデザイン部門のオリエンテーションがスタート。はじめに、新野俊樹審査員長から「予選通過作品数を昨年よりも減らし、1つ1つの作品についてより詳しく話を聞くことにした」「予選時点で評価の高い作品だけでなく、本選に向けて改善が期待できる作品を予選通過させた」という説明があった。続いて、川道昌樹審査員から「楽しみながら、各作品についての説明を聞き、質問をしながら疑問点を明らかにしたい」、松田均審査員から「予選通過時点ではすべての作品が横一線であり、本選での出来によって優劣が決まる」との話があった。最後に、プレゼンテーションでの口頭発表の順番を発表し、オリエンテーションを終えた。

　昼食時間を挟み、プレゼンテーションの審査開始5分前までの25分間で、各作品ごとに、口頭発表に使用するパソコンとプロジェクタの接続確認を行なった。

プレゼンテーション（口頭発表）：
準備万端の質疑応答、一般来場者からの関心も

13:00からプレゼンテーション（口頭発表）を開始した。予選の際に出た、質問の時間を昨年より長くして、もっと詳しいやり取りができるようにしてほしいとの審査員からの要望に応じて、今年は1作品あたりの口頭発表時間を昨年より5分長くし、質疑応答時間を含め20分で行なった。

口頭発表では各作品がそれぞれに、工夫を凝らした演出、パフォーマンス、作品の実演などを交えて、予選からの4つの審査基準である「新規性・独創性」「実用性」「事業性」「活用性」を中心に作品をアピールしていた。質疑応答では、主に事業性や活用性が問われ、審査員と学生との間で活発なやり取りが見られた。

福井高専［C］『サウンドディスク』［05］への「改良後、どの程度、軽量化できたか」（新野）という質問への、「1／5以下に軽量化できました」との回答が審査員らを感心させた。仙台高専（名取）［A］『変幻自在！ みんなが「ハニカム」サポーター』［06］には、「構造上、横方向からの衝撃を吸収できないのでは？」（新野）との質問があり、発表者はスクリーンに映したアイテムの構造を示す画像を使いながら、的確に説明し、審査員たちを納得させていた。弓削商船高専『ダーツ競技のための3Dプリントシステム』［11］では、男子学生と女子学生の日常会話の様子を模した演出が際立っていた。

津山高専『Tリーグファン養成ギブス』［14］では、「フォームの矯正にどれくらいの日数が必要なのか。フォームの違いに応じて、形状の異なるギブスが必要になるのか」（松田）との質問に学生は、実際に作品を装着したテスト結果への感想や画像を交えて回答。旭川高専『Dpsアウトソール』［17］には、審査員からだけでなく、会場の聴講者から「注文から納品までの日数はどれくらいを想定しているのか」「アッパーとアウトソールの接合方法はどんなものか」などの質問があり、幅広い層からの関心の高さが感じられた。茨城高専『円盤投射機』［18］は、「どの程度の販売個数を想定しているのか」（新野）との質問に「100個程度」と回答。「少量ならば3Dプリンタを利用する価値がある」と評価を得ていた。また、「着眼点がおもしろい。市場調査を進め、事業展開を期待したい」（川道）とも評価を得ていた。

ポスターセッション：
各展示ブースで今後の展開まで見据えた議論百出

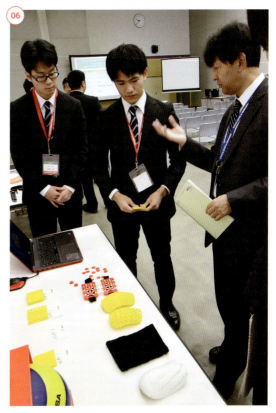

　本選2日めの9:00からポスターセッションを行なった。3人の審査員はそれぞれ分かれて作品展示ブースを回り、作品を見ながら、前日のプレゼンテーションで明確にならなかった点を中心に、学生との質疑応答を通して審査した。参加学生はプレゼンテーションで不十分だった点を説明し、審査員から改善点のアドバイスを受けるなど、各ブースでは、終始、活発な議論が行なわれた。

　福井高専[C]『サウンドディスク』[05]は、空気の流れを利用している点について、「流体力学を利用している点が非常に良い」（新野）と評価されていた。神戸市立高専[A]『3D Horse Shoes』[09]では、主に、作品の強度と材質について活発な議論が展開していた。津山高専『Tリーグファン養成ギプス』[14]では、「材料費はどのくらい」（川道）との質問に、学生は「900～1,000円」と具体的に回答。旭川高専『Dpsアウトソール』[17]では、「ソールの堅さはどう調整するのか」（新野）との質問に、「3Dプリンタの素材の堅さにもよるが、内部の充填率をコントロールして調整する」としっかり回答していた。鶴岡高専[A]『VonoKui』[21]には、松田審査員から、構造やメリット、価格コストについての質問が投げかけられた。鶴岡高専[B]『Tie O binder』[22]では、主に類似の既製品と比較しての優位性や耐久性などのについて、議論されていた。

　最後に、参加学生が自作以外で評価できる作品に投票する、学生投票（審査の得点に加算、本書126ページ表1参照）があり、互いの作品や作品製作についての情報交換など、学生間での交流も行なわれていた。

本選

審査員総評：
原価計算、カスタマイズや複雑な形状への対応が高評価

昼食時間後に、審査結果が発表された。予選の4つの審査基準に「プレゼンテーション力」を加えて総合的に評価した結果だ。今年、大きく変更された点に、学生投票結果の加点と審査結果の公表が挙げられる。

はじめに、学生投票の集計結果と得点が会場のスクリーンに映し出された。続いて、優秀賞から順に最優秀賞、審査員特別賞の受賞作品がスクリーンに映されると、受賞した学生たちから歓声が上がっていた。最後に、本選の5つの審査基準である「新規性・独創性」「実用性」「事業性」「活用性」「プレゼンテーション力」それぞれの点数、学生投票の点数および総合点数の一覧表がスクリーンに映し出された（表1参照）。特に印象深かったのは、学生投票による上位作品と、審査員の評価した上位作品が異なった点であった。

最後に、審査員から審査結果についての総評と講評があった。はじめに、新野審査員長から「AM（Additive Manufacturing＝付加製造）による製品製造は高価で生産性が低い生産方法なので、付加価値や事業性、AMによる製品製造にする必然性を、常に注意深く考え続けなければならない。今年の本選作品はいずれも原価計算、カスタマイズへの対応、複雑な形状への対応などについて積極的に考えてくれたことで昨年の作品よりも格段に良くなったが、もっとトータルに考えればさらに良くなる」と総評があった。引き続き、新野審査員長から、最優秀賞（経済産業大臣賞）の津山高専『Tリーグファン養成ギプス』［14］、優秀賞の福井高専［C］『サウンドディスク』［05］、仙台高専（名取）［A］『変幻自在！ みんなが「ハニカム」サポーター』［06］について講評があった。また、審査員特別賞については、弓削商船高専『ダーツ競技のための3Dプリントシステム』［11］を選出した松田審査員、茨城高専『円盤投射機』［18］を選出した川道審査員から、それぞれ講評があった（本書114～118ページ審査講評を参照）。
（宇野 直嗣　旭川高専）

表1　本選──得点集計結果

作品番号	作品名	高専名（キャンパス名）[チーム名]	審査員評価[105点] 新規性独創性[15点]	実用性[15点]	事業性[15点]	活用性[45点]	プレゼンテーション力[15点]	学生投票 得票	学生投票 得点	総合点[110点]	受賞
14	Tリーグファン養成ギプス	津山高専	12	14	12	33	15	4	1	87	最優秀賞（経済産業大臣賞）
05	サウンドディスク	福井高専[C]	12	10	11	31	10	6	5	79	優秀賞
06	変幻自在！ みんなが「ハニカム」サポーター	仙台高専（名取）[A]	8	11	12	33	12	5	3	79	優秀賞
11	ダーツ競技のための3Dプリントシステム	弓削商船高専	10	12	9	32	11	4	1	75	審査員特別賞
18	円盤投射機	茨城高専	12	9	7	18	6	2	0	54	審査員特別賞
09	3D Horse Shoes	神戸市立高専[A]	8	5	7	19	8	5	3	50	
17	Dpsアウトソール	旭川高専	7	5	6	15	7	6	5	45	
21	VonoKui	鶴岡高専[A]	7	5	5	18	8	2	0	43	
22	Tie 0 binder	鶴岡高専[B]	8	6	7	10	8	2	0	39	

註　＊各審査員の持ち点は、「活用性」が15点満点、その他の各審査基準ごとに5点満点、合計35点満点
　　　各作品105点満点＝{（15点満点×1審査基準）+（5点満点×4審査基準）}×審査員3人
　＊学生投票得点は、本選作品の制作メンバー（学生）が、自作以外で最も良い作品に投票（各作品の持ち票4票）し、得票の多い上位5作品に配点した得点
　　　1位：5点／2位：4点／3位：3点／4位：2点／5位：1点／6位以下：0点
　＊高専名は、高専名（キャンパス名）[チーム名]で表示
　＊チーム名の[A][B][C]は、同一高専から参加した複数のチームを区分するためランダムに付けられたもの
　＊表中の作品名はサブタイトルを省略

開催概要

AMデザイン部門概要

【課題テーマ】スポーツ支援アイテム開発
【課題概要】
2020年にオリンピック・パラリンピック東京大会が開催される。オリンピック・パラリンピックは、人種、性別、障害の有無などの多様性を互いに認め受け入れる、平和を象徴する世界的な祭典だ。このオリンピック・パラリンピックの考えはこれからの技術者に求められていることと類似している。すなわち、これからの技術者には、地域性、高齢者、社会的弱者などの多様性に伴うさまざまな問題をグローバルな視点で技術的に解決することが求められている。
そこで、今年の課題テーマを「スポーツ支援アイテム開発」とし、3Dプリンタによる造形技術を活用し、競技スポーツだけでなく、生涯スポーツも含めた各種スポーツを支援する新たなアイテムを開発してもらう。
1964年開催のオリンピック東京大会が、日本にとって、グローバル化を意識し技術立国へと大きく飛躍するきっかけとなったように、今回の取組みを、参加学生全員が技術者として大きく飛躍するきっかけにしてもらいたい。
【審査員】新野 俊樹 [審査委員長]、川道 昌樹、松田 均
【応募条件】4人までのチームによるもの。1チーム1作品
【応募数】
26作品(82人、18高専)、その内1作品(2人、1高専)はエントリー取下げ
【応募期間】
エントリーシート提出期限:
2018年9月3日(月)～7日(金)
【提案条件】
①提案は、スポーツに用いる装具や器具を「アイテム」とし、3Dプリンタによる造形技術を活用して主要部品を製作した「作品」を用意すること
②「作品」の主要部品は、3Dプリンタによる造形技術を活用して製作していれば、3Dプリンタによる造形物または造形技術のみで実現する必要はない。一例に、鋳込みにより部品を製作する場合、その型や型の元となる原型を3Dプリンタにより製作する方法など。その他、3Dプリンタによる造形物や造形技術を活用していれば、他の工作技術の利用を含んでも可
③例外として、作品の部品のうち、ボルトなどのネジ類、バネ類、ゴム類ついては作品の主要部品に含めず、市販品の使用可。電池ボックスを含めた電装品類についても市販品の使用可。部品を接合する用途に限り接着剤の使用可。緩衝材としての用途に限りスポンジ類と発泡スチロール類の使用可
④既存技術を前提とする必要はない。ただし、その場合には、解決すべき技術的課題などを具体的に示すこと
⑤提案の背景を客観的なデータなどを用いて示し、その実用化が社会にもたらすと期待される効果を具体的に示すこと
⑥3Dプリンタで用いる原材料の種類は不問。提案で想定される装具や器具の原材料と、「作品」(説明用の造形物)に用いる原材料を一致させる必要はない
⑦提案内容が特許などの知的財産権に関係する場合は、必要な手続きを提案者の責任で実行すること。既存特許への抵触、他の作品や商品の流用がないことを、特許検索などにより、提案者が責任をもって確認し、エントリーシート提出前に担当教員が再度確認すること
⑧現状の法令等との適合度は不問。ただし、その適合度を示すことで、提案の実用化をより具体的に示すことになり、評価が上がる可能性がある

本選審査

【日時】2018年11月10日(土)～11日(日)
【会場】釧路市観光国際交流センター 1階 大ホールC
【本選提出物】
①ポスター:A1判サイズ1枚(縦向き)
②作品:3Dプリンタによる造形物
③補助ポスター:A1判サイズ1枚(縦向き)まで[任意]
④ノートパソコンやDVDプレイヤなどによるプレゼンテーション[任意]
【展示スペース】
テーブル:幅1,800mm×奥行600mm×高さ700mm
展示用パネル:
幅2,400mm(1,200mm×2枚分)×高さ2,100mm
テーブル背面に設置
電源:コンセント1口(総電力300W以内)
①作品:テーブルに展示、②ポスター:展示用パネルに掲示、③その他[任意]
【審査過程】
参加数:9作品(24人、8高専)
日時:2018年11月10日(土)
①プレゼンテーション 13:00～17:00
日時:2018年11月11日(日)
②ポスターセッション 9:00～12:00
③講評 13:45～14:30
【審査基準】
①新規性・独創性:社会問題や技術的問題などの解決を前提としたアイディアの新規性や独創性
新しさ、驚き、ときめき、感動、楽しさを感じさせるアイディアを提示すること
②実用性:製品化する上での技術的な課題の解決、アイテムの有効性と有用性
客観的あるいは定量的に評価した結果を提示すること
③事業性:実用化、製品化した際に予想される事業効果
収益、ユーザー・ニーズへのマッチング、生産性とコスト、ブランド化などについて提示すること
④活用性:付加製造技術(3Dプリンティング)を使うことではじめて生み出される付加価値があるか、他の技術では実現できないか。3Dプリンタならではの、3Dプリンタがないと実現できない付加価値を持った製品やサービスを提示すること
⑤プレゼンテーション力
【評価点数】
各審査員の持ち点は、「活用性」が15点満点、その他の各審査基準ごとに5点満点、合計35点満点
各作品105点満点={(15点満点×1審査基準)+(5点満点×4審査基準)}×審査員3人
【学生投票】
ポスターセッションで3人の審査員への対応終了後、本選作品の制作メンバー(学生)が、自作以外で最も良い作品に投票(各作品の持ち票4票)。得票数の多い上位5作品に以下のように配点
1位:5点/2位:4点/3位:3点/4位:2点/5位:1点/6位以下:0点
【審査方法】
審査員による審査と学生投票の総合得点をもとに、審査員3人による協議の上、各受賞作品を決定

予選

予選審査総評 —— 本選参加者に期待すること

カスタマイズで価値を上げる

新野 俊樹（審査員長）

　昨年を上回る数、知恵を凝らしたアイディアの応募があった。さまざまなアイディアが出た中で、特に活用性の面で苦労している作品が多いように感じられた。カスタマイズ（使用者のニーズに応じた仕様の変更）を活用性の根拠とする作品が多かったが、むしろカスタマイズをキーワードとした場合、どのようにカスタマイズするのか、カスタマイズの結果どれだけ製品の価値が上がるのか、が重要である。応募された作品の中には「カスタマイズするとよいのでAM（付加製造）を使う」といった、単にキーワードを示しただけものも散見された。また、よく考えればAM技術を使わずに、通常の大量生産でも何とかなりそうな作品もあった。
　予選では、アイディアの整理や補強次第で優勝を狙える作品を厳選した。本選では、活用の仕方と効果を明確に示して、「なるほどその手があったか」と思えるようなプレゼンテーションを期待している。

実現化に向けて

川道 昌樹（審査員）

　全国からたくさんの応募作品が集まった。いずれも既成の基準を打ち破り、使う人にとっての喜びや感動を秘めている斬新なアイディアばかりであった。予選審査では、製品として実現するという面を重視し、コスト・パフォーマンスにすぐれ、エンド・ユーザーの生活の質に変化を与える可能性が高いものを優先して選んだ。
　本選では、デザイナーや設計者らが現場に寄り添うことで提案の本質を理解し、AM（付加製造）技術だからこそ可能となる作品と事業性を含めたプレゼンテーションを期待している。

AM技術を使う意義

松田 均（審査員）

　今回、応募された作品の中には、独創的で興味深い発想のものが多数あった。それらの中からAM（付加製造）技術を使用する意義が感じられる作品を予選通過とした。
　本選では、さらに具体的な作品へと仕上げた上で、説得力のあるプレゼンテーションを期待している。

予選審査経過

予選審査は、今年の課題テーマである「スポーツ支援アイテム開発」の下、趣旨に沿った作品であることを前提条件として、エントリーシートに記入された①新規性・独創性、②実用性、③事業性、④活用性を評価軸に審査が行なわれた。また、エントリーシートのわかりやすさや、AM技術を用いることで製品にどのような価値が生まれるかも重要な要素となった。

審査員には、予選審査会前に応募作品のエントリーシートを配布し、応募作品の内容を把握してもらうとともに各作品に評価点を付けてもらった。

予選審査会では、審査員全員の事前評価点を集計し、高評価であったものから順番に審査が進められた。審査員たちは、エントリーシートの内容を再確認しながら、認識の齟齬を解消したり、本選に出場した場合の発展性や期待度を話し合うなど、各応募作品にコメントを付けながら予選通過作品を選出していった。本選における発表時間を考慮し、最大12作品の選出をめやすに選考が行なわれ、最終的に9作品が予選通過作品として決定した（表2参照）。

予選通過作品はいずれも、エントリーシートの説明がわかりやすく、評価項目①から④についてしっかりと説明されていた。また、評価項目以外の面も含めて発展性の高いものが多かった。

一方、予選未通過となった作品は、新規性や活用性が乏しかったり、説明が不十分であったり、AM技術を用いる必要性が不明瞭なものが多かった。

予選通過作品には、審査員からの本選に向けたブラッシュアップの要望と合わせて予選結果を通知した。

なお、応募された25作品のエントリーシートは、本選の会期中、AMデザイン部門の会場内に展示された（下写真参照）。

（前田 貴章　釧路高専）

開催概要（予選）

予選審査

【日時】2018年9月21日（金）13:00～17:00
【会場】R&Bパーク札幌大通サテライト　HiNT
【事務担当】宇野 直嗣（旭川高専）、前田 貴章（釧路高専）
【予選提出物】
エントリーシート：
① 学校名、作品名、メンバー氏名など
② 概要：何を提案しているかわかるように、図や表、写真、図面などを用いて、A4判サイズ1ページ以内にまとめる
③ 詳細：提案の詳細がわかるように、図や表、写真、図面などを用いて、①新規性・独創性、②実用性、③事業性、④活用性をそれぞれA4判サイズ1ページ（合計4ページ）以内にまとめる
【予選通過数】9作品（24人、8高専）

表2　予選──選出結果

作品番号	作品名	高専名（キャンパス名）[チーム名]
01	かたまり知らずのまっすぐススムくん	苫小牧高専
02	ひもどめくん	福井高専 [A]
03	HANDOME	福井高専 [B]
04	グラスクリップ	石川高専 [A]
05	サウンドディスク	福井高専 [C]
06	変幻自在！みんなが「ハニカム」サポーター	仙台高専（名取）[A]
07	熱中症さよなら！ E-cool	仙台高専（名取）[B]
09	3D Horse Shoes	神戸市立高専 [A]
10	NomeIndes	神戸市立高専 [B]
11	ダーツ競技のための3Dプリントシステム	弓削商船高専
12	座・ポーチ	明石高専 [A]
13	じゃいロール	明石高専 [B]
14	Tリーグファン養成ギプス	津山高専
15	障がい者を対象とした水分補給支援アイテム	長野高専
16	Stand by me	一関高専
17	Dpsアウトソール	旭川高専
18	円盤投射機	茨城高専
19	QRスタンプ	岐阜高専
20	COROMO	北九州高専
21	VonoKui	鶴岡高専 [A]
22	Tie 0 binder	鶴岡高専 [B]
23	Slope.C.T	和歌山高専
24	SABIUO	函館高専
25	光の鼓	石川高専 [B]
26	sprout	石川高専 [C]

註　＊　　　予選通過
＊高専名は、高専名（キャンパス名）[チーム名] で表示
＊チーム名の[A][B][C]は、同一高専から参加した複数のチームを区分するためランダムに付けられたもの
＊表中の作品名は、サブタイトルを省略
＊作品番号08はエントリー取下げにより欠番

予選

予選通過作品講評

本選に向けたブラッシュアップの要望

新野 俊樹（審査員長）

全予選通過作品への共通の要望

　本選のプレゼンテーションでは、審査基準である次の4項目について、スライドや作品などを用いて説明すること。また、「デザコン2018 in 北海道」のホームページで公開している「本選通過者」の記載事項も参考にしてほしい。

①新規性・独創性：
　現状での社会問題や技術的問題などの解決を前提としたアイディアの新規性・独創性について審査・評価する。新しさ、驚き、ときめき、感動、楽しさを感じさせるアイディアを提示してほしい。また、既存特許への抵触および他の作品や商品の流用などがないことや、類似商品との違いなどを特許検索の結果などを用いて具体的に示してほしい。

②実用性：
　製品化する上での技術的課題の解決およびアイテムの有効性・有用性について審査・評価する。客観的あるいは定量的に評価した結果を提示してほしい。

③事業性：
　実用化あるいは製品化した際に予想される事業効果について審査・評価する。収益、ユーザー・ニーズへのマッチング、生産性とコスト、ブランド化などについて提示してほしい。

④活用性：
　付加製造技術（3Dプリンティング）を使うことで初めて生み出される付加価値があるかどうか、他の技術では実現できないかどうかについて審査・評価する。3Dプリンタならではの、3Dプリンタがないと実現できない付加価値を持った製品やサービスを提示してほしい。

 福井高専 [C]
サウンドディスク ── ディスク周りの流れる空気をキャッチ

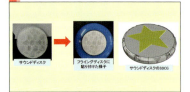

複雑な構造を作成できるという3Dプリンタの特徴を、音を鳴らすのに利用するなど、空気力学的および流体力学的に活用しているところがおもしろい。一方、鈴を内蔵するなどの他に、音を鳴らす方法と比較した時のメリットをもう少し詳しく説明してほしい。
視覚障害者が安全に競技できるのかを示してほしい。
製品としてのデザインをもう少し明確に、具体的にしてほしい。
事業性においては、開発コスト、製造コスト、販売コスト、販売価格、予定販売個数などを明確にするとなお良い。

 仙台高専（名取）[A]
変幻自在！ みんなが「ハニカム」サポーター

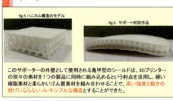

ハニカム構造のサポーターはすでに存在するが、身体に沿った曲面（ユーザーの膝に合わせた）構造に新規性がある。
どのスポーツのどこに使うかなど、製品としてのデザインをもう少し明確に、具体的にしてほしい。
事業性においては、開発コスト、製造コスト、販売コスト、販売価格、予定販売個数などを明確にするとなお良い。

 神戸市立高専 [A]
3D Horse Shoes ── 全ての馬・人・自然にフィットする蹄鉄を！

発想は良いが、装着方法などの具体的な説明がないので、しっかりとした説明が必要だ。止め方に工夫があれば良いが不明である。
また、実際に作成したものを用いた場合の安全性や耐久性、費用対効果を示してほしい。
一方、活用性についての説明が不十分なので、本当にAM（付加製造）技術を使わないといけないかどうかが不明。

* 2018年9月21日 予選審査中の執筆したコメントをもとに作成

⓪⓪：数字は作品番号

* 高専名は、高専名（キャンパス名）［チーム名］で表示
* チーム名の［A］［B］［C］は、同一高専から参加した複数のチームを区分するためランダムに付けられたもの

⑪ 弓削商船高専
ダーツ競技のための3Dプリントシステム

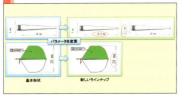

ダーツ全体をカスタマイズするのか、部品を個別に複数デザインして組み合わせるような商品とするのか、明確にすること。
従来の加工方法では加工できない理由もしくは、AM（付加製造）技術によって製造することによる付加価値が明確ではない。
事業性においては、開発コスト、製造コスト、販売コスト、販売価格、予定販売個数などを明確にするとなお良い。

⑭ 津山高専
Tリーグファン養成ギプス

テーラーメードの方法が具体的に明記されているところが良い。また、課題テーマにも沿っている。
ただし、どのような装置にするかで終わってしまっているので、もう一捻りほしい。また、3Dデータのより具体的な作成方法、有効性と安全性を示してほしい。
事業性においては、開発コスト、製造コスト、販売コスト、販売価格、予定販売個数などを明確にするとなお良い。

⑰ 旭川高専
Dpsアウトソール

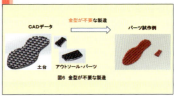

アウトソール（靴の底の部分）をテーラーメードするシステムは、すでにアディダスから商品化されており、調査不十分で新規性を認めない。分割や取替えが可能な点には新規性があるが、そこに十分な付加価値があるかどうかを示すこと。
また、アッパー（靴の甲の部分）は専用のものとするのか、既存のものにするのか、ソールとアッパーの固定方法とそれに伴う耐久性や信頼性について説明すること。
事業性においては、開発コスト、製造コスト、販売コスト、販売価格、予定販売個数などを明確にすること。

⑱ 茨城高専
円盤投射機

発想がおもしろく新規性も高い。ただし、装着部分などについて、3Dプリンタを使うことによる有用性をきちんと説明してほしい。
事業性においては、開発コスト、製造コスト、販売コスト、販売価格、予定販売個数などを明確にするとなお良い。

㉑ 鶴岡高専［A］
VonoKui —— ボノ杭

砂地以外の地面（土など）では利用できるのか、その他の利用方法があれば説明してほしい。
また、提案された形状が有効であるならば3Dプリンタを使うメリットがあるので、詳しい説明がほしい。
事業性においては、開発コスト、製造コスト、販売コスト、販売価格、予定販売個数などを明確にするとなお良い。

㉒ 鶴岡高専［B］
Tie 0 binder

靴紐については、マジックテープを用いたものなど、世の中にはさまざまな工夫がある。それらと比較して、利点を明確にすること。
また、AM（付加製造）技術を使うと1個あたりの製造コストが上がるだけでなく、生産性が下がり利益全体は下がるので、相応の付加価値の向上がなければ生産には使わないほうがよい。本作品は、本当にAM技術を使わないと作れないものなのか、十分に説明すること。
事業性においては、開発コスト、製造コスト、販売コスト、販売価格、予定販売個数などを明確にするとなお良い。

予選

予選16作品

 :数字は作品番号

ライン引き
かたまり知らずのまっすぐススムくん

01 苫小牧高専
◎松木 優大、秋村 愛弥、菊地 宥介、樋口 達也[機械工学科5年]

審査講評
▶新規性と活用性に乏しい。

靴紐留め
ひもどめくん

02 福井高専[A]
◎鳥山 大暉、板垣 一成[生産システム工学専攻専攻科1年]／竹内 悠華[環境システム工学専攻専攻科1年]

審査講評
▶新規性と活用性に乏しい。

歩行用ハンドグリップ
HANDOME

03 福井高専[B]
◎中村 紫陽、佐々 遼介[生産システム工学専攻専攻科1年]／田中 滉大[環境システム工学専攻専攻科1年]

審査講評
▶活用性に乏しい。

メガネのズレ防止器具
グラスクリップ

04 石川高専[A]
三宅 美歩[電子情報工学科5年]

審査講評
▶新規性と活用性に乏しい。

ボトルカバー
熱中症さよなら！ E-cool

07 仙台高専(名取)[B]
◎後藤 咲乃、菅野 瑞七、佐藤 果穂、渡辺 結衣[総合工学科2年]

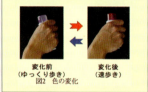

審査講評
▶新規性と活用性に乏しい。

容器キャップ
NomeIndes

10 神戸市立高専[B]
柳田 雄大(5年)、◎松元 瑛司、押場 勇弥、中島 俊介(4年)[機械工学科]

審査講評
▶新規性と活用性に乏しい。

携帯イス
座・ポーチ

12 明石高専[A]
◎北浦 優樹、上村 啓太郎、篠原 達也[機械工学科5年]

審査講評
▶活用性に乏しく、実現性が不明。

遊具
じゃいロール

13 明石高専[B]
◎金子 侑生、村岡 壮志、松浦 峻太郎、Warren Isac Anak Dean[機械工学科5年]

審査講評
▶活用性に乏しく、実現性と安全性が不明。

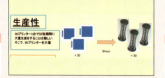

AMデザイン

*氏名の前にある◎印は学生代表
*高専名は、高専名（キャンパス名）[チーム名]で表示
*チーム名の[A][B][C]は、同一高専から参加した複数のチームを区分するためランダムに付けられたもの
*作品番号08はエントリー取下げにより欠番

水分補給用具
障がい者を対象とした水分補給支援アイテム

⑮ 長野高専

◎松下 開智、野崎 恭斗、小林 隼汰、伊藤 優輔[電子制御工学科5年]

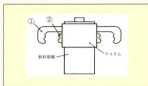
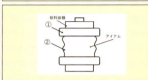

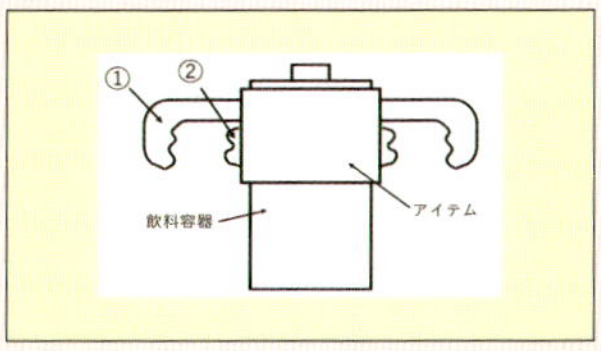

審査講評
▶活用性に乏しく、幼児用の類似品が既存。

卓球台
Stand by me ── 卓球STAND

⑯ 一関高専

◎津嶋 彩羽、石井 大登、押江 克実、佐藤 志衣真[機械工学科4年]

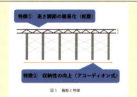
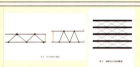

審査講評
▶活用性に乏しい。

スタンプ
QRスタンプ

⑲ 岐阜高専

◎岩田 武士、大野 聖矢、澤村 健介、野田 翔太朗[機械工学科5年]

審査講評
▶新規性と活用性に乏しい。

新競技
COROMO

⑳ 北九州高専

◎隈部 亮太、今永 拡貴、松村 涼平、河本 歩夢[機械工学科5年]

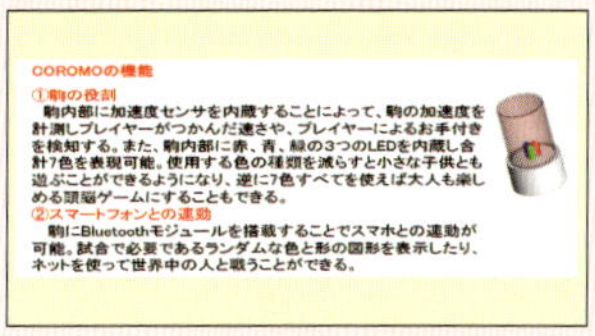

審査講評
▶活用性に乏しい。

斜面対応イス
Slope.C.T

㉓ 和歌山高専

◎西川 和志、日浅 陸、原 紳二朗[知能機械工学科5年]

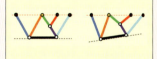

審査講評
▶活用性に乏しい。

絆創膏貼り付け具
SABIUO

㉔ 函館高専

◎千田 望美、大清水 空、小玉 聡吾、本谷 澪佳[生産システム工学科2年]

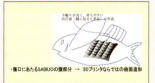

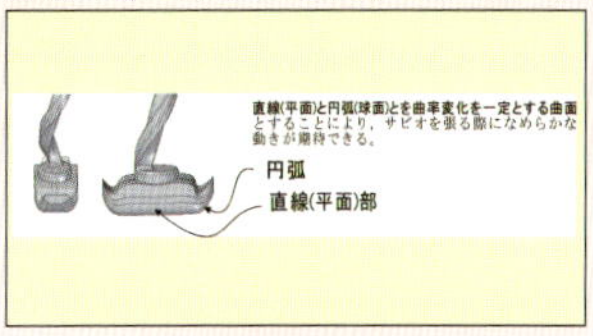

審査講評
▶活用性に乏しい。

照明器具
光の鼓

㉕ 石川高専[B]

松井 亮斗[環境建設工学専攻専攻科2年]／森永 祐生、木下 範起(5年)、川本 涼介(4年)[建築学科]

審査講評
▶活用性に乏しく、実現性が不明。

日傘
sprout

㉖ 石川高専[C]

◎森谷 夏帆、新家 明(5年)、中川 哲(4年)[建築学科]

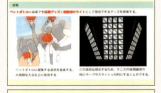

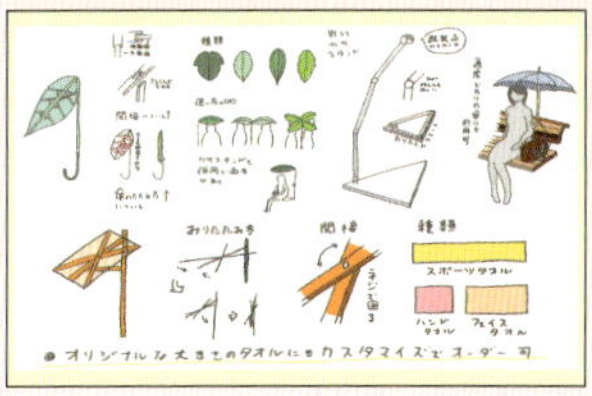

審査講評
▶新規性と活用性に乏しく、事業性が不明。

133

審査員紹介

AMデザイン

審査員長

新野 俊樹
にいの としき

AM技術研究者
東京大学生産技術研究所　教授

1990年	東京大学工学部精密機械工学科卒業
1995年	東京大学大学院工学系研究科精密機械工学専攻修了 博士（工学）取得 理化学研究所　基礎科学特別研究員
2000-12年	東京大学生産技術研究所　助教授
2012年-	同　教授

主な活動
専門は付加製造科学（Additive Manufacturing）。SIP（戦略的イノベーション創造プログラム）Additive Manufacturingを核とした新しいものづくりの創出の研究開発プロジェクトリーダー、ISO/TC261国内審議委員会　委員、体内埋め込み型材料（積層造形医療機器）開発ワーキンググループ　委員などを務める。

主な受賞
日本ロボット学会　第13回論文賞（1997年）、日本電子顕微鏡学会　2003年度最優秀論文賞、ファナックFAロボット財団論文賞（2007年）など

主な著書
『先端成形加工技術』（共著、プラスチック成形加工学会編、2012年、2014年、プラスチックス・エージ）、『はじめての生産加工学2──応用加工技術編』（共著、2016年、KS理工学専門書、講談社）など

川道 昌樹
かわみち まさき

アパレル企業　経営者
ワールドワーク　代表取締役

1995-2004年	有限会社ワールドワーク設立（創業）　代表取締役
1997年-	シルバーユニフォーム研究会設立　代表
2004年-	株式会社ワールドワークに組織変更　代表取締役
2017年-	Gスタイル合同会社（グループ会社）設立　代表社員

主な活動
被服のユニバーサルデザインを中心に取り組む。手の力の弱い人や片手でも簡単に留め外しができる衣類用留め具の研究開発（産学官）、地域にて、高齢者や障害者の参加型ファッションショーの開催などに携わる。
2012年より「共生社会に向けて、できることは何かを考え、課題を解決していく」のテーマで、小・中学校、高等学校、短期大学にて出前授業を実施している（受講した学生は20,000人以上）。

主な製品
『磁石式ボタンG-button（ユニバーサルデザイン）』（2004年／2004年度グッドデザイン賞）、『磁石式ホックG-hock（ユニバーサルデザイン）』（2011年／北海道総合研究機構、東京大学と合同意匠登録）など

松田 均
まつだ ひとし

経済産業省　職員

1986年	通商産業省（現・経済産業省）入省
2007-09年	新エネルギー・産業技術総合開発機構　主任研究員
2009-11年	経済産業省地域経済産業グループ地域技術課　課長補佐
2011-12年	同製造産業局産業機械課　課長補佐
2012-14年	環境省水・大気環境局総務課　課長補佐
2014-15年	経済産業省商務情報政策局ヘルスケア産業課　課長補佐
2015-16年	日本医療研究開発機構情報システムグループ　グループ長
2016年-	経済産業省製造産業局素形材産業室　室長補佐

主な活動
次世代型産業用3Dプリンタ技術の開発を進める国家プロジェクトの担当など

プレデザコン 部門

課題テーマ
気になる「もの」

応募は高専の3年生以下の学生限定で、既成観念にとらわれない自由な発想による幅広いデザインを求める。デザコンの従来の4部門の内の3部門に連動して、3つのフィールドに分け、それぞれに以下の課題テーマを設定する。

①**空間デザイン・フィールド**
現存するか、または過去に実在した構造物や風景の着彩した透視図。一般的に人の目では見られず、写真で撮ることもできない構図とする。大胆で、かつ構造物の特徴や魅力が伝わるように工夫すること

②**創造デザイン・フィールド**
次回、2019年の東京大会で使用するエコバッグのデザイン。大会のメインテーマは翌2020年のオリンピック・パラリンピック東京大会に関連する予定なので、それにふさわしいデザインにすること

③**AMデザイン・フィールド**
次世代のサポート技術(環境、防災、情報、エネルギー、福祉など)を図や絵を活用して提案してほしい。さらに、その技術の活用によって得られる効果も表現すること

□ **本選参加作品** 21

タイムライン
2018.10.15-10.19 応募
2018.11.10 作品展示、投票
2018.11.11 作品展示、結果掲示

□ **受賞作品** 4

最優秀賞(科学技術振興機構〈JST〉理事長賞)、**一般投票優秀賞**
空間-03 明石高専『BOOK AND BED TOKYO「泊まれる本屋*」』
(空間デザイン・フィールド)

優秀賞(科学技術振興機構〈JST〉理事長賞)
空間-08 長野高専『自然に呼応する図書館』(空間デザイン・フィールド)
創造-07 サレジオ高専『Modern.TOKYO』(創造デザイン・フィールド)
AM-01 サレジオ高専『Human──運搬用ドローンとケアロボット』
(AMデザイン・フィールド)

最優秀賞
(科学技術振興機構〈JST〉理事長賞)

一般投票優秀賞

空間-03　明石高専

BOOK AND BED TOKYO 「泊まれる本屋®」

◎溝口 莉那、川畑 礼奈 [建築学科3年]
担当教員：東野 アドリアナ [建築学科]

得点：63

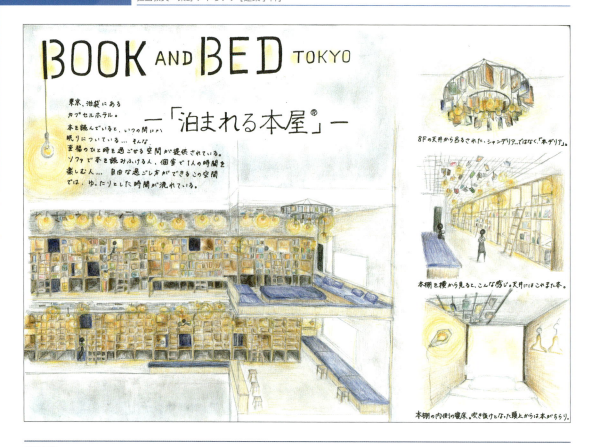

提案主旨：
BOOK AND BED TOKYO「泊まれる本屋®」は、文字どおり「泊まれる本屋」をコンセプトにしたホテルである。「寝ること」「本を読むこと」を融合させた、人々が思い思いの時間を過ごせる空間。木の本棚、ホンデリア（本で作られたシャンデリア）や天井に飾られた本など細部まで考えられたデザイン。そんな、ここにしかないお洒落な装飾を描いた。

投票者コメント（抜粋）

▶わかりやすい断面パース（透視図）が全体のイメージを上手に表現している。ただし、人物の表現にもうひと工夫ほしかった。(鯵坂 徹 審査員)／この空間は私も好きだ。実物の断面配置構成をよく観察している。(石井 孝行 審査員)

▶「こういうホテルって、確かにアリだね！」と思わずひざを打った。出張でさまざまなホテルに泊まるが、この存在は知らなかった。カプセルホテルのもつ何となく怪しげなイメージを大きく覆すホテルだと思う。部門の課題テーマ『気になる「もの」』にピタリとはまっている。テクノロジーの進化でタブレットやスマホの画面ばかりを眺めている若者がお洒落でクールな空間ととらえている一方、年配者には学校の図書館に舞い戻ったような懐かしさを引き起こす空間だろう。うまいサービスを思いついたものだと感心させられた。／実際に利用してみたい。住める図書館は無理でも泊まれる図書館は現実味がある。／カプセルホテルでもなく、漫画喫茶でもなく、図書館に宿泊できるというのは、ありそうでなかった発想。／本を読んでいると眠くなるという単純かつ明解なアイディアに納得。　(教職員)

▶色彩が美しい。実際にその場所に行ってみたくなった。　(一般)

▶「人と本」という空間の選択と、その空間を絵によって鮮明に表現できているところが良い。／配色が美しい。やわらかい世界観が良い。／一番、目を引いた。「本デリア」は新しい発想でおもしろい。／本好きにとってはたまらない。どこも本ばかりという発想がとても魅力的。／本屋であるところと、宿であるところの融合がうまくいっている。本のぬくもりを出すことにより、紙の本のあたたかさを出せている。／本好きの人なら一度は考えたことがあるようなものが形となって表れていて、心をひかれる。　(学生)

フィールド名-00：作品番号
　　　　　　　（本書138～140、142～143ページ）

＊本書138～140、142～143ページの氏名の前にある◎印は学生代表

＊作品番号の「空間」は空間デザイン・フィールド、「創造」は創造デザイン・フィールド、「AM」はAMデザイン・フィールドを示す

優秀賞（科学技術振興機構〈JST〉理事長賞）

空間-08　長野高専　得点：46

自然に呼応する図書館

宮嶋 太陽［環境都市工学科3年］
担当教員：西川 嘉雄［環境都市工学科］

投票者コメント（抜粋）

▶建物が森の一部となり、そこを飛ぶ小鳥から見るという目線が楽しい。人と自然、街と自然などの調和による豊かな表現が、創造性につながる。（小野寺 一彦 審査員）／図書館と森の中を融合させ、心地よい空間であることが伝わってくる。表現力も豊かでひきつけられた。（石井 孝行 審査員）
▶自然を最大限に取り込むコンセプトがすばらしい。（教職員）
▶落ち着いた空間になりそうだと想像できた。（企業）
▶ほぼ同系色によるスケッチなのに、しっかりパース（透視図）として描けている。（一般）
▶まわりの景色とよく調和している。／通常の図書館より落ち着ける空間になっている。（学生）

提案主旨：
実際に現地に何度も行ったり、設計者の古谷誠章氏の言葉を参考にしてイメージをふくらませた。図書館が生きているかのように自然に呼応しているとわかったので、全体的に緑を基調にしたり、館内に木漏れ日が差し込んでいるように描いた。また、周囲の自然と溶け込んでいる様子を、館内の特徴的な柱を透視するように表現した。

優秀賞（科学技術振興機構〈JST〉理事長賞）

創造-07　サレジオ高専　得点：58

Modern.TOKYO

櫻井 詠大［デザイン学科3年］
担当教員：谷上 欣也［デザイン学科］

投票者コメント（抜粋）

▶パラリンピックのデザインモチーフを上手に利用しながら開催地や年をわかりやすく表現している。（金子 ゆかり 審査員）／東京開催を主張している点は評価できるが、高専のイメージが弱い。（田村 亨 審査員）／デザコンらしさと2020東京という背景がバランスよく表現できている。（竹内 正信 審査員）
▶日の光とパラリンピックの象徴をうまく使っている。（教職員）
▶1色のみというしばりの中で、視覚的に色の幅を表現している。（一般）
▶伝統的な模様を発展させたデザインは、前回大会以降の東京の成長を2度めの東京五輪で見せているようだ。（学生）

提案主旨：
「Modern」をコンセプトにしたデザイン。伝統模様をモチーフに「Reデザイン」した新しいパターンによって1色で最大限の色の動きを表現した。現代を代表するビルが建ち並ぶ東京のシルエットは「東京開催」であることを表し、どこかパラリンピックのシンボルマークを彷彿させるデザインになっている。また、赤の色彩心理も利用し魅力的なものにした。

優秀賞
〈科学技術振興機構〈JST〉理事長賞〉

AM-01　サレジオ高専　　　　　　　　　　　　　得点：45

Human —— 運搬用ドローンとケアロボット

◎宮川 亮太郎［デザイン学科2年］／気仙 龍之介［機械電子工学科2年］
担当教員：谷上 欣也［デザイン学科］

投票者コメント（抜粋）

▶あったらよいシステム。AM（付加製造）技術を使って具体的に何をするかの説明があれば、さらに良かった。（川道 昌樹 審査員）／避難所のメンタルケアは重要。避難者だけでなく、避難者を世話する側の人たちにも精神的な負担が大きい。そこにロボットを活用するというアイディアは良い。（松田 均 審査員）／時代のキーワードとも言える「ドローン」と「人型ロボット」を単に組み合わせただけでなく、アプリと組み合わせて運用することで価値を高めている。（新野 俊樹 審査員）
▶もう少しコンセプトとタイトルと機能をうまく表現できると良くなる。　　（教職員）

提案主旨：
サポート技術という点で、災害時ではなく災害後を想定して製作した。今までのロボットは堅苦しくどこか人間味のないイメージだったが、私たちの考えるロボットは人間と同じ立場で、人間に寄り添うロボットである。人の気持ちを考えることができ、自ら考えて実行できる。そのため避難所でとても活躍できる。

表1　投票集計結果

作品番号	作品名	高専名	審査員[*1]	教職員	企業	学生	一般	合計得点	総合順位	フィールド別順位	受賞	
空間-03	BOOK AND BED TOKYO「泊まれる本屋®」	明石高専	3	19	0	35	6	63	1	1	最優秀賞[*2]	一般投票優秀賞
空間-08	自然に呼応する図書館	長野高専	13	20	2	10	1	46	3	2	優秀賞[*2]	
空間-04	融合	石川高専	3	10	0	17	3	33	6	3		
空間-05	広島産業奨励館	呉高専	2	15	1	14	1	33	6	3		
空間-09	憩——長野駅のオアシス	長野高専	2	4	2	12	0	20	11	5		
空間-06	廻るせかい	高知高専	3	3	0	4	0	10	15	6		
空間-07	新潟県政記念館	長岡高専	1	5	0	0	3	9	16	7		
空間-01	栄光と改革	明石高専	3	1	0	0	0	4	18	8		
空間-02	仙台空港	明石高専	0	1	0	2	0	3	19	9		
空間-10	Mウェーブ	長野高専	0	0	0	1	0	2	20	10		
創造-07	Modern.TOKYO	サレジオ高専	8	28	0	19	3	58	2	1	優秀賞[*2]	
創造-01	CHALLENGINEER	明石高専	12	14	3	9	2	40	5	2		
創造-05	パラデザコン	石川高専	1	10	0	19	1	31	8	3		
創造-06	コミュニケーションのかたち	国際高専	4	13	0	12	0	29	9	4		
創造-03	集結 in TOKYO	明石高専	0	16	0	9	1	26	10	5		
創造-04	受け入れて　東京　踏み出して	石川高専	2	4	1	8	1	16	12	6		
創造-09	Parallel（パラレル）	長岡高専	0	8	0	2	4	14	13	7		
創造-02	create a PARALLEL world 2019	明石高専	0	3	0	10	0	13	14	8		
創造-08	HAKKEN——はっけん	サレジオ高専	1	0	0	6	0	7	17	9		
創造-10	SAKURA	長野高専	2	0	0	0	0	2	20	10		
AM-01	Human——運搬用ドローンとケアロボット	サレジオ高専	30	15	0	0	0	45	4	1	優秀賞[*2]	
	合計		90	190	9	188	27	504				

註　*1　審査員：関連する3部門の審査員
　　*2　「最優秀賞」「優秀賞」：科学技術振興機構（JST）理事長賞
　＊関連する3部門の審査員は担当部門と連動するフィールドに投票（「構造デザイン部門」審査員は、一般来場者と同じ）。
　　その他の人は持ち点の範囲内でどのフィールドのどの作品に何点票を入れてもよい
　＊作品番号の「空間」は空間デザイン・フィールド、「創造」は創造デザイン・フィールド、「AM」はAMデザイン・フィールドを示す

持ち点：審査員（関連する3部門の審査員）＝1人10点／教職員（高専教職員）＝1人5点／企業（協賛企業）＝1人3点／
　　　　学生（高専の学生）＝1人2点／一般（一般来場者）＝1人1点

本選

本選審査経過／総評

さらなる飛躍へ

*文中に登場する作品名は、高専名(キャンパス名)『作品名』[フィールド名-数字]、で表示。サブタイトルは省略。
*[フィールド名-数字]は作品番号。「空間」は空間デザイン・フィールド、「創造」は創造デザイン・フィールド、「AM」はAMデザイン・フィールドを示す

「空間」「創造」「AM」の3フィールドで募集

　デザコンに1～3年生だけで成果を発表する機会を与え、彼らの主体性を育むべく設置されたプレデザコン部門は、今年で3回めの開催となった。その趣旨は、1～3年生のうちから、デザコンの中心的役割を担う4年生以上の学生たちや、デザコン自体に関わりを持つことで、関心を高く保ち、デザコンへの参加という継続的な活動につなげることにある。
　プレデザコン部門の各デザイン・フィールドは、それぞれデザコンの4部門に連動する分野として、課題を設定してきた。今年は、「空間デザイン部門」「創造デザイン部門」「AMデザイン部門」の3部門に連動するデザイン・フィールドで、自由かつ柔軟な発想にもとづく新規性のあるアイデアやデザインの提案を募集。部門の課題テーマは今年も引き続き「気になる『もの』」で、これに関する各フィールドに応じた課題が設定された。
　昨年までは「構造デザイン部門」が対象部門になっていたが、「構造デザイン部門」は3年生以下でも上級生とともに活動できる有利さがある一方、「創造デザイン部門」は毎回作られるエコバッグやロゴなどのデザインに採用されることで、創作意欲が期待できることから、今年から同部門に変更された。
　今年は、21作品8高専の応募があった。内訳は、空間デザイン・フィールドが10作品、創造デザイン・フィールドが10作品、AMデザイン・フィールドが1作品である。なお、応募規定に外れる作品はなかった。

投票の呼びかけに補助学生が奔走

　デザコンの両日に渡って作品を展示したものの、昨年同様、投票は1日めのみで、2日めは集計と結果掲示となった。時間の制約があるとは言え、2日めも多くの見学者が来場していたので残念だった。今後、全体スケジュールを工夫し、2日めも投票できるよう改善されることを期待したい。
　会場に全21作品をフィールド別に展示し、近くのカウンターに投票用紙と投票箱を設置した。会場がメイン通路を歩く人たちから見ると死角になり、思ったように来場者が増えなかったので、補助学生5人を含む運営スタッフが積極的に来場を呼びかけ、投票依頼に奔走。そのおかげで投票数が急激に増加した。関連部門の審査員は、本来の審査で多忙なためプレデザコン部門の会場に足を運ぶ余裕がほとんどない。そのため、スタッフが事前に審査員を訪ねて説明し、審査の合間を縫って来場してもらった。結果的に、昼食時間を割いて投票してくれた審査員もいた。
　交通の不便さから積極的な開催PRを展開できなかったこともあり、課題である一般来場者数の確保については、今回も解消できず残念だった。

栄えある最優秀賞と一般投票優秀賞はダブルで空間デザイン・フィールド

　投票があるとすぐに回収し、手分けして集計作業を行なったので、進行は円滑だった。最多総得点は、空間デザイン・フィールド、明石高専『BOOK AND BED TOKYO「泊まれる本屋®」』[空間-03]の63点であり、一般来場者得点も6点でトップだったため、最優秀賞と一般投票優秀賞のダブル受賞となった(表1参照)。両賞のダブル受賞は昨年に続き2年連続のことである。この作品の特長は、何と言っても学生の票を多く集めたことで、総合順位第2位の約2倍もあった。ネットカフェで一晩過ごすことに何ら抵抗がない学生のニーズに合致していたと思われる。合計得点第2位は、優秀賞となった創造デザイン・フィールド、サレジオ高専『Modern.TOKYO』[創造-07]。この作品は最優秀賞と異なり、教職員からの得点が非常に多かった。2020年の東京オリンピック・パラリンピックに相応しく日本の国旗と同じ色合いを用い、洗練されたデザインがエコバッグに映える印象深い作品に仕上がっている。
　最優秀賞を除いた各フィールドの最高得点作品に与えられる優秀賞に、空間デザイン・フィールドでは長野高専『自然に呼応する図書館』[空間-08]が、AMデザイン・フィールドではサレジオ高専『Human』[AM-01]が選ばれた。若者の活字離れが社会問題となる昨今、本を扱った2作品([空間-03][空間-08])が入賞したことは驚きだった。AMデザイン・フィールドは応募が1作品しかなく、フィールド内で競うことはできなかったが、自然災害が特に多かった2018年を反映し、被災者を救済するための移動や輸送手段としてのドローンの有効性を改めて感じさせる作品に感心した関係者が数多くいた。
　受賞4作品には、科学技術振興機構(JST)理事長賞も併せて贈られた。

デザコンへの登竜門「プレデザコン部門」のさらなる飛躍を

　改めて「プレデザコン部門」の重要性と意義が認識されつつあると感じた。事実、プレデザコン部門に応募した高専のほとんどがデザコン4部門にも多数応募している。他の4部門での活躍が予想できるほどレベルの高い応募作品もあり、発想や着想に年齢や経験はさほど関係ないことがわかる。これらはプレデザコン部門設立の狙いどおりであり、部門は正当に進展してきたようだ。
　その一方で課題も見えてきた。大きなところでは、底辺の拡大が思うように進んでいない点である。プレデザコン部門に応募する高専は、言わばデザコン常連校に偏る傾向があり、新規参入の高専が少ない。言い換えればプレデザコン部門の存在が広く知られていないことでもある。この理由として、授業の関係上、3年生以下の学生は、会場で直接、デザコンの応募作品に触れる機会をもつのが難しいことが挙げられる。もう1つ、今回は応募が1作品に留まったAMデザイン・フィールドの周知である。連動するAMデザイン部門は、2014年以前は機械工学系学科を主体にCADコンという名称で独立して開催されていた(本書154ページ参照)。2016年にデザコンに統合されてから、参加学生や課題に機械工学系学科の色合いが薄くなり、他学科から応募しやすくなった反面、母体となる主導学科がなくなったため、明確な方向性を示しにくくなったことが要因と考えられる。
　2019年は、これらの課題を組織的な活動によって改善し、参加校と応募作品数を増やすことが成功の鍵となる。3年生以下の柔軟な発想や創造性には目を見張るものがあるので、同じ志を持つ高専の学生や高専間の交流を深め、デザコンのさらなる飛躍と発展につなげていくことを期待してやまない。

（高橋 剛、髙 義礼　釧路高専）

本選

本選 17作品

フィールド名-00：作品番号

得点：33

融合

空間-04 石川高専

坂口 結美［建築学科3年］
担当教員：内田 伸［建築学科］

得点：33

広島産業奨励館

空間-05 呉高専

◎大段 蒼真、松田 直、喜田 雅生、山崎 柊茉［建築学科2年］
担当教員：宮崎 崇文［建築学科］

得点：20

憩──長野駅のオアシス

空間-09 長野高専

◎矢島 満衣、塚原 治美、松本 詩季菜［環境都市工学科1年］
担当教員：西川 嘉雄［環境都市工学科］

得点：10

廻るせかい

空間-06 高知高専

別役 明音［ソーシャルデザイン工学科2年］
担当教員：北山 めぐみ［ソーシャルデザイン工学科］

得点：9

新潟県政記念館

空間-07 長岡高専

◎大津 菜月［電気電子システム工学科1年］、今井 彩乃、藤崎 葉奈［環境都市工学科1年］
担当教員：宮嵜 靖大［環境都市工学科］

得点：4

栄光と改革

空間-01 明石高専

中倉 梨沙［建築学科3年］
担当教員：東野 アドリアナ［建築学科］

得点：3

仙台空港

空間-02 明石高専

宍戸 佑妃［建築学科2年］
担当教員：東野 アドリアナ［建築学科］

得点：2

Mウェーブ

空間-10 長野高専

◎府川 ほたか、間藤 恵志、若林 大聖［環境都市工学科2年］
担当教員：西川 嘉雄［環境都市工学科］

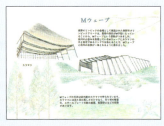

プレデザコン

*氏名の前にある◎印は学生代表
*作品番号の「空間」は空間デザイン・フィールド、「創造」は創造デザイン・フィールド、「AM」はAMデザイン・フィールドを示す

得点：40

CHALLENGINEER

（創造-01）明石高専

寺尾 心作［建築学科3年］
担当教員：東野 アドリアナ［建築学科］

得点：31

パラデザコン

（創造-05）石川高専

有松 里菜［環境都市工学科3年］
担当教員：津田 誠［環境都市工学科］

得点：29

コミュニケーションのかたち

（創造-06）国際高専

畝森 愛桜［機械工学科2年］
担当教員：坂井 仁美［機械工学科］

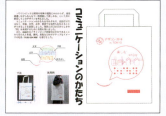

得点：26

集結 in TOKYO

（創造-03）明石高専

高見 優菜［建築学科3年］
担当教員：水島 あかね［建築学科］

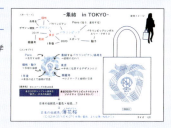

得点：16

受け入れて　東京　踏み出して

（創造-04）石川高専

◎田畑 奎人、北本 猛流、宮下 開成［建築学科3年］
担当教員：内田 伸［建築学科］

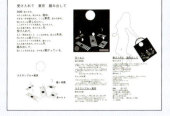

得点：14

Parallel（パラレル）

（創造-09）長岡高専

◎神子島 百香、小林 桃子［環境都市工学科3年］
担当教員：宮嵜 靖大［環境都市工学科］

得点：13

create a PARALLEL world 2019

（創造-02）明石高専

杉山 峻涼［建築学科3年］
担当教員：東野 アドリアナ［建築学科］

得点：7

HAKKEN——はっけん

（創造-08）サレジオ高専

◎梅木 千夏、金子 花菜［デザイン学科3年］
担当教員：谷上 欣也［デザイン学科］

得点：2

SAKURA

（創造-10）長野高専

◎内藤 静香、金森 真梨［環境都市工学科3年］
担当教員：西川 嘉雄［環境都市工学科］

開催概要

プレデザコン部門概要

【課題テーマ】気になる「もの」

【課題概要】
昨年に引き続き、高専3年生まで限定のデザインコンペティションである。高専の学生らしさ「学術とものづくりとを巧みに結び付けるすぐれたセンスと、そこから生まれるアイディアを実践する力に裏打ちされた技術者魂」を胸に、既成観念にとらわれない自由な発想による幅広いデザインを求める。デザコンの従来の4部門の内の3部門（空間デザイン部門、創造デザイン部門、AMデザイン部門）をもとに3つのフィールドに分類し、それぞれ以下の課題テーマを提案条件として設定する。

①空間デザイン・フィールド
現存するか、または過去に実在した構造物や風景の着彩した透視図。一般的に人の目では見られず、写真で撮ることもできない構図とする。大胆で、かつ構造物の特徴や魅力が伝わるように工夫すること

②創造デザイン・フィールド
次回大会である、東京大会（主管校：都立産業技術高専〈品川〉）で使用するエコバッグのデザイン。2020年にオリンピック・パラリンピック東京大会を控えており、デザコン東京大会の大会メイン・テーマもパラリンピックに関連する内容になる予定。大会メイン・テーマにふさわしいデザインを応募すること

デザイン条件：
1) エコバッグの寸法は、縦380mm、横330mm程度
2) 表面のみにデザインを印刷する仕様
3) 余白などを考慮の上、デザインの配置まで提案すること
4) 使用できる色は1色、エコバッグの色は白系または黒系
5) デザコン公式ロゴをどこかに配置すること。大きさの制限なし
6) 縦15mm×横60mm程度の大きさの協賛企業のロゴの位置を指定すること
7) デザインの意図、コンセプトがわかる説明文を記入すること
8) 手書きでもかまわないが、大会で用いる最終デザインを決定する際に、手書きの状態か、デジタル的な処理をするかは作者と打合せをする
9) 最終デザインを決定する場合に、作者の確認を取った上で、その意図を汲み、多少の変更をすることに了承すること

③AMデザイン・フィールド
次世代のサポート技術（環境、防災、情報、エネルギー、福祉など）を図や絵を活用して提案してほしい。さらに、その技術の活用によって得られる効果も表現すること

【審査員】専属審査員はなし。来場者の自主投票により審査

【応募条件】
①高専に在籍する本科3年生以下（所属学科や専攻は不問）の学生
②4人までのチームによるもの
③同一人物が、同一フィールドで複数の作品に応募することは不可
④同一高専の応募は、同一フィールドで6作品以内、合計12作品以内とする
⑤他部門への応募は可
⑥他のイベントなどに応募・発表していない作品に限る

【応募数】
21作品（37人、8高専）
（空間デザイン・フィールド：10作品／創造デザイン・フィールド：10作品／AMデザイン・フィールド：1作品）

【応募期間】
2018年10月15日（月）～19日（金）
質疑応答なし

本選審査

【日時】2018年11月10日（土）～11日（日）
【会場】釧路市観光国際交流センター
【本選提出物】ポスター：A3判サイズ1枚（横向き）
【審査過程】
参加数：21作品（37人、8高専）
①展示：2018年11月10日（土）9:00～11日（日）17:00
②投票：2018年11月10日（土）9:00～16:00
③結果表示：2018年11月11日（日）10:30～17:00

【審査方法】
会場に展示された応募作品を見て、来場者が推薦する作品に各持ち点を自主投票し、その合計得点順位に応じて受賞作品を決定する。来場者は、属性によって異なる持ち点の範囲内で複数の作品に配点投票することができる。部門を問わず全作品の中で最高得点の作品を最優秀賞、最優秀賞を除いた各フィールドごとの最高得点の作品（計3作品）を優秀賞、全作品中で一般来場者の最多得票作品を一般投票優秀賞に選出

【投票の持ち点】
関連する3部門（空間デザイン部門、創造デザイン部門、AMデザイン部門）の審査員（1人10点）、高専教職員（1人5点）、協賛企業（1人3点）、高専学生（1人2点）、一般来場者（1人1点）
審査員は担当部門と連動するフィールドに投票、その他はどのフィールドのどの作品に持ち点内で何点入れても自由
（「構造デザイン部門」審査員は一般来場者と同じ）

付篇

デザコン2018 in 北海道

Contents:
開会式
学生交流会
情報交換会
表彰式・閉会式
会場と大会スケジュール
応募状況

過去の受賞作品（2004-2017）
デザコンとは？／大会後記

デザコン2018 in 北海道

開会式
日時：2018年11月10日（土）10:30〜11:00
会場：釧路市観光国際交流センター　1階　メインステージ

学生交流会
日時：2018年11月10日（土）17:30〜18:30
会場：釧路市交流プラザさいわい　1階　多目的ホール

情報交換会
日時：2018年11月10日（土）18:30〜20:30
会場：ANAクラウンプラザホテル釧路　2階「芙蓉の間」
余興：蝦夷太鼓演奏（北海道くしろ蝦夷太鼓保存会）

表彰式・閉会式
日時：2018年11月11日（土）15:00〜16:00
会場：釧路市観光国際交流センター　1階　メインステージ

【空間デザイン部門】
最優秀賞（日本建築家協会会長賞）：賞状＋盾＋副賞（日建学院提供他）
　米子高専：集落まるごと町役場 [1]
優秀賞：賞状＋盾＋副賞
　石川高専：他所の市　此処の市 [2]
　小山高専：ヤマサ──煙突の煙が幸せのかけらを報せる [3]
審査員特別賞：賞状＋盾＋副賞
　熊本高専（八代）：これからも、宮地んこどもの百貨店 [4]
　舞鶴高専：眺める味わう感じる。わたしたちはこれからもカバタと生きる。 [5]

【構造デザイン部門】
最優秀賞（国土交通大臣賞）：賞状＋盾＋副賞（総合資格提供他）
　米子高専：麗瓏 [6]
優秀賞：賞状＋盾＋副賞
　呉高専：思伝一線 [7]
優秀賞（日本建設業連合会会長賞）：賞状＋盾＋副賞
　米子高専：流々──ruru [8]
審査員特別賞：賞状＋盾＋副賞
　徳山高専：国土夢想 [9]
　鹿児島高専：チェストォー橋 [10]
日刊建設工業新聞社賞：賞状＋企業盾＋副賞
　仙台高専（名取）：橋らしい橋を目指して [11]

【創造デザイン部門】
最優秀賞（文部科学大臣賞）：賞状＋盾＋副賞（総合資格提供他）
　明石高専：杉板を焼いて黒くする！　ビジネス
　──但馬・丹後の日本海沿岸の建物に活用するために [12]
優秀賞：賞状＋盾＋副賞
　秋田高専：堀を語ろう
　──秋田市佐竹小路のクリエーターによるまちづくり [13]
　舞鶴高専：舞鶴行動 [14]
審査員特別賞：賞状＋盾＋副賞
　都城高専：みんなでつくる集いの蔵
　──宮崎県都城市庄内町・社会実装プロジェクト [15]
　岐阜高専：福祉×農園──園児と高齢者の楽しい農業 [16]
総合資格賞：賞状＋副賞
　石川高専：下宿から始まり駅に向かう
　──六の段階で津幡町が変わるまで [17]

【AMデザイン部門】
最優秀賞（経済産業大臣賞）：賞状＋盾＋副賞
　津山高専：Tリーグファン養成ギプス [18]
優秀賞：賞状＋盾＋副賞
　福井高専[C]：サウンドディスク
　──ディスク周りの流れる空気をキャッチ [19]
　仙台高専（名取）[A]：変幻自在！　みんなが「ハニカム」サポーター [20]
審査員特別賞：賞状＋盾＋副賞
　弓削商船高専：ダーツ競技のための3Dプリントシステム [21]
　茨城高専：円盤投射機 [22]

【プレデザコン部門】
最優秀賞（科学技術振興機構〈JST〉理事長賞）：賞状＋盾＋副賞
　明石高専：BOOK AND BED TOKYO「泊まれる本屋®」（空間デザインフィールド）[23]
優秀賞（科学技術振興機構〈JST〉理事長賞）：賞状＋盾＋副賞
　長野高専：自然に呼応する図書館（空間デザインフィールド）
　サレジオ高専：Modern.TOKYO（創造デザインフィールド）
　サレジオ高専：Human──運搬用ドローンとケアロボット（AMデザインフィールド）
一般投票優秀賞：賞状＋盾＋副賞
　明石高専：BOOK AND BED TOKYO「泊まれる本屋®」（空間デザインフィールド）

表彰盾

今大会の受賞者に贈られた表彰盾は、北海道土産として全国的にも有名な「木彫りの熊」である。釧路市がトドマツ人工林の利用促進を目的として、エステー株式会社と共同で空気浄化剤を製作している縁で、本大会では釧路産トドマツの105mm×105mm柱材を盾の材料とした。これを阿寒湖アイヌコタンにある民芸品店「熊の家藤戸」で手彫りにより1つ1つていねいに製作し、とても愛らしい盾が生まれた。また盾のケースは、魚箱製造を手がける釧路市の吉岡製函株式会社が釧路産トドマツで製作した筋子用の魚箱に、「熊の家藤戸」の藤戸康平氏がデザインしたアイヌ文様を印刷したものである（本書147ページ右下写真参照）。本大会の盾は、受賞した学生が、学校で保管するものとは別に、自分用にレプリカを希望するほど好評を博した。

デザコン2018 in 北海道

会場と大会スケジュール[*1]

会場：釧路市観光国際交流センター（北海道釧路市幸町3-3 ／ URL: http://www.kushiro-kankou.or.jp/kkc/）

各部門会場

	空間デザイン部門	構造デザイン部門	創造デザイン部門	AMデザイン部門	プレデザコン部門
展示	大ホールD	大ホールB	2階 交流サロン	大ホールC	アトリウム
発表・競技	大ホールD	メインステージ	2階 視聴覚室	大ホールC	

2018年11月10日（土）

時間	空間デザイン部門	構造デザイン部門	創造デザイン部門	AMデザイン部門	プレデザコン部門
9:00–10:30	受付・作品展示				展示 投票 空間デザインフィールド 創造デザインフィールド AMデザインフィールド
10:30–11:00	開会式				
11:00–11:30	オリエンテーション				
11:30–12:30	昼食				
12:30–13:00	プレゼンテーション 準備	仕様確認 12:30-14:00	プレゼンテーション 準備	プレゼンテーション 準備	
13:00–17:00	プレゼンテーション	審査員審査 14:00-17:00	プレゼンテーション	プレゼンテーション	
17:00–17:30	学生交流会準備				
17:30–18:30	学生交流会　釧路市交流プラザさいわい　1階　多目的ホール				
18:30–20:30	情報交換会　ANAクラウンプラザホテル釧路　2階「芙蓉の間」				

2018年11月11日（日）

時間	空間デザイン部門	構造デザイン部門	創造デザイン部門	AMデザイン部門	プレデザコン部門
8:45–9:00		オリエンテーション			
9:00–12:00	ポスターセッション	耐荷性能試験	ポスターセッション	ポスターセッション 学生投票	集計作業
12:00–13:00	昼食				展示 結果発表
13:00–14:00	公開審査		講評	集計作業	
13:45–14:30				審査結果発表 審査員総評	
14:00–14:30		審査員講評			
15:00–16:00	表彰式・閉会式				

[*1]：大会スケジュールは当初の予定のもの。実際には一部時間の変更があった

応募状況

地区	高専名 (キャンパス名)	空間デザイン部門 予選	空間デザイン部門 本選	構造デザイン部門	創造デザイン部門 予選	創造デザイン部門 本選	AMデザイン部門 予選	AMデザイン部門 本選	プレデザコン部門
北海道	函館工業高等専門学校						1		
北海道	苫小牧工業高等専門学校			1			1		
北海道	釧路工業高等専門学校	4	1	2	1				
北海道	旭川工業高等専門学校						1	1	
東北	八戸工業高等専門学校			1					
東北	一関工業高等専門学校						1		
東北	仙台高等専門学校 (広瀬)								
東北	仙台高等専門学校 (名取)	9	2	2	3	2	2	1	
東北	秋田工業高等専門学校	9		2	1	1			
東北	鶴岡工業高等専門学校						2	2	
東北	福島工業高等専門学校	2		2					
関東信越	茨城工業高等専門学校						1	1	
関東信越	小山工業高等専門学校	5	1	1					
関東信越	群馬工業高等専門学校			2					
関東信越	木更津工業高等専門学校								
関東信越	東京工業高等専門学校								
関東信越	長岡工業高等専門学校	1							2
関東信越	長野工業高等専門学校			2	2				4
関東信越	東京都立産業技術高等専門学校 (品川)			1					
関東信越	東京都立産業技術高等専門学校 (荒川)								
関東信越	サレジオ工業高等専門学校	1		1	3				3
東海北陸	富山高等専門学校 (本郷)								
東海北陸	富山高等専門学校 (射水)								
東海北陸	石川工業高等専門学校	4	2	2	2	2	3		3
東海北陸	福井工業高等専門学校	7		2			3	1	
東海北陸	岐阜工業高等専門学校			2	8	3	1		
東海北陸	沼津工業高等専門学校								
東海北陸	豊田工業高等専門学校	5	1	1					
東海北陸	鳥羽商船高等専門学校								
東海北陸	鈴鹿工業高等専門学校				1				
東海北陸	国際高等専門学校			1					1
近畿	舞鶴工業高等専門学校	6	1	2	1	1			
近畿	明石工業高等専門学校	45	2	2	7	1	2		6
近畿	奈良工業高等専門学校								
近畿	和歌山工業高等専門学校			2			1		
近畿	大阪府立大学工業高等専門学校	2		2	1				
近畿	神戸市立工業高等専門学校			2			2	1	
近畿	近畿大学工業高等専門学校			2					
中国	米子工業高等専門学校	23	1	2	3				
中国	松江工業高等専門学校	1		2					
中国	津山工業高等専門学校						1	1	
中国	広島商船高等専門学校								
中国	呉工業高等専門学校	2		2					1
中国	徳山工業高等専門学校	3		2					
中国	宇部工業高等専門学校								
中国	大島商船高等専門学校								
四国	阿南工業高等専門学校			2	1				
四国	香川高等専門学校 (高松)			1					
四国	香川高等専門学校 (詫間)								
四国	新居浜工業高等専門学校			2					
四国	弓削商船高等専門学校						1	1	1
四国	高知工業高等専門学校	6		1					
九州沖縄	久留米工業高等専門学校								
九州沖縄	有明工業高等専門学校	4		1					
九州沖縄	北九州工業高等専門学校						1		
九州沖縄	佐世保工業高等専門学校								
九州沖縄	熊本高等専門学校 (八代)	10	1						
九州沖縄	熊本高等専門学校 (熊本)								
九州沖縄	大分工業高等専門学校								
九州沖縄	都城工業高等専門学校	2		2	1	1			
九州沖縄	鹿児島工業高等専門学校			1					
九州沖縄	沖縄工業高等専門学校								
海外	モンゴル工業高等専門学校			1					
海外	新モンゴル工業高等専門学校			2					
備考	合計作品数	151	12	58	35	11	25	9	21
備考	参加学生数 (延べ人数)	327	43	318	109	37	82	24	37
備考	参加学校数 (延べ数)	21	9	35	14	7	17	8	8
備考	参加学校数 (合計)	46							

過去の受賞作品（2004-2017）

＊高専名などは、大会開催当時のもの
＊大会名は開催当時のもの。現在の部門の前身となる大会も含む
＊受賞作品は、「高専名（キャンパス名）　作品名」で表示

全国高等専門学校デザインコンペティション

第1回　2004年 石川大会
（主管校：石川高専）

ワークショップ部門

「地域交流シンポジウム」セッション
テーマ「まちづくりへのチャレンジ」
審査員：桜井康宏

優秀賞
豊田高専　ひまわり畑をつくろう2003――豊田市域の大学生によるまちづくり事業
徳山高専　徳山高専夢広場
有明高専　八女の力
小山高専　わらの家
福島高専　まちを探検すると見えてくるユニバーサルデザイン
米子高専　再生義眞
呉高専　高齢者と学生によるまちづくりin呉

奨励賞
石川高専　シビックキャンパス・プロジェクト
明石高専　加古川本町まちづくり
　　　　――なつかしい町は元気になる!!

「ものづくりワークショップ」セッション
テーマ「座ってまちをみつける場所」
審査員：鈴木時秀ほか15人

最優秀賞
徳山高専　座ってまちをみつける場所

佳作
岐阜高専　ブレケット
石川高専　いつもと違う角度で触れ合ってみたいと思いませんか
明石高専　Bloom
米子高専　上を向いて座ろう
呉高専　ベンチ――動き
八代高専　雪吊り物語

設計競技部門

「木造住宅デザインコンペティション」セッション
テーマ「帰りたくなる家」
審査員：熊谷昌彦ほか9人

最優秀賞
米子高専　味噌汁の家

優秀賞
明石高専　おいしいごはん生活
石川高専　HOUSE×SPACE×HOUSE

「複合住宅デザインコンペティション」セッション
テーマ「まち暮らしを楽しむための複合住居」
審査員：妹島和世

最優秀賞
小山高専　思川cafe

優秀賞
石川高専　M-GATE
呉高専　CONNECT

「構造デザインコンペティション」セッション
テーマ「ブリッジコンテスト」
審査員：小堀為雄ほか18人

グランプリ（文部科学大臣賞）
豊田高専　Simplest――Sunrise

競技
1位：呉高専　U-18呉代表
2位：松江高専　テトラクインテット
3位：明石高専　S.E.S

アイデア賞
豊田高専　Simplest――Sunrise

第2回　2005年 明石大会
（主管校：明石高専）

メインテーマ「復興＋共生」

プロポーザルコンペティション
テーマ「癒しの避難所シェルター」
審査員：室崎益輝ほか1人

最優秀賞（明石市長賞）
豊田高専　IMAGINATION

優秀賞
豊田高専　TANE
明石高専　間

構造デザインコンペティション
テーマ「ブリッジコンテスト」
審査員：中島正愛ほか1人

最優秀賞（文部科学大臣賞）
豊田高専　すけあり～橋――Parabola Arch

優秀賞
松江高専　霞――KASUMI
米子高専　サンキューTOKYO！サヨナラYONAGO

環境デザインコンペティション
テーマ「水辺の共生空間」
審査員：篠原修ほか2人

最優秀賞（兵庫県知事賞）
豊田高専　水―解放

優秀賞
石川高専　志雄取り出しエリア
　　　　――SHIO TORIDASHI AREA
明石高専　border wall

会場審査賞
豊田高専　水―解放

第3回　2006年 都城大会
（主管校：都城高専）

メインテーマ「生活環境関連のデザイン」

プロポーザルコンペティション
テーマ「商店街のマスカレード」
審査員：有馬孝禮ほか2人

最優秀賞（都城市長賞）
明石高専　すぎ風呂っく（あしゆ）

優秀賞
サレジオ高専　光Hikari
都城高専　和飾――チラリズムとの融合

会場審査賞
有明高専　ばったりまったり
豊田高専　マチレゴ

構造デザインコンペティション
テーマ「ブリッジコンテスト」
審査員：加藤史郎ほか2人

最優秀賞（文部科学大臣賞）
新居浜高専　Marvel of Art

優秀賞
松江高専　大蛇――OROCHI
米子高専　砂丘と大山と汗とペダルと

特別賞（日刊建設工業新聞社賞）
松江高専　大蛇――OROCHI

環境デザインコンペティション
テーマ「山あいの生きられる空間」
審査員：竹下輝和ほか1人

最優秀賞（宮崎県知事賞）
明石高専　山あいの多目的教室

優秀賞
呉高専　Living with Fields
明石高専　みんなの庭道

第4回　2007年 周南大会
（主管校：徳山高専）

メインテーマ「つながり――頭の中は、宇宙（ソラ）より広い」

空間デザインコンペティション
テーマ「新まちなか居住施設――とぎれた『つながり』をとりもどす」
審査員：重村力ほか2人

最優秀賞（山口県知事賞）
米子高専　もうひとつのまち

優秀賞
明石高専　住居のFRAGMENTS
米子高専　まちリビング――アクションスタディによるつながりの再生

審査員特別賞
小山高専　THE PARK

会場審査賞
岐阜高専　学びの森

ものづくりコンペティション
テーマ「『ひと』と動物の『つながり』が見える動物園ファニチャー」
審査員：内田文雄

最優秀賞（周南市長賞）
米子高専　play＊search

優秀賞
日刊建設工業新聞社賞：都城高専　primitive
豊田高専　Marking Another Animals

審査員特別賞
デザイン賞：米子高専　カク・レン・Board
技術賞：徳山高専　アニ＝スタ（アニマル＝スタンド）

アイデア賞：明石高専　くるりん

構造デザインコンペティション
テーマ「ブリッジコンテスト」
審査員：長井正嗣ほか3人

最優秀賞（文部科学大臣賞）
米子高専　オリガネ、米子ブリッジ

優秀賞
松江高専　スサノオ、ブリッジ・ヘキサゴン
和歌山高専　ステンレスモンスター、パスタモンスター

審査員特別賞
構造賞：松江高専　スサノオ
Gold Coast Prize：米子高専　米子ブリッジ
デザイン賞：釧路高専　トルデラート

環境デザインコンペティション
テーマ「みちのあかり――LED de Eco Road」
審査員：牛山泉ほか3人

最優秀賞（国土交通大臣賞）
松江高専　世界遺産「石見銀山街道」を照らすLEDラトウ

優秀賞
豊田高専　そふぁみれどーろ
徳山高専　Pole Signal

審査員特別賞
デザイン賞：呉高専　シロシマの夜に咲くタンポポ
アイデア賞：米子高専　照ル照ルボード――ヒト×オト×ヒカリ

第5回　2008年 高松大会
（主管校：高松高専）

メインテーマ「共生と再生」

空間デザインコンペティション
テーマ「中心市街再生のための交流拠点の提案」
審査員：佐藤滋ほか2人

最優秀賞（香川県知事賞）
米子高専　でこぼこうじ――凸凹＋小路

優秀賞
岐阜高専　START FROM JOB STATION
明石高専　森のマーケット

審査員特別賞
デザイン賞：小山高専　祇園通り商店街
アイデア賞：米子高専　エネルギー・ステーション――後世に残したい車社会

構造デザインコンペティション
テーマ「ブリッジコンテスト」
審査員：加藤史郎ほか2人

最優秀賞（文部科学大臣賞）
米子高専　（静的耐力）vvp（グール：橋）、（傾斜耐力）Simple Canti

優秀賞
大阪府立大学高専　（静的耐力）Reverse arch Bridge、（傾斜耐力）橋下郷
福井高専　（静的耐力）Sharp!、（傾斜耐力）OVER THE RAINBOW

審査員特別賞
構造賞：福井高専　（静的耐力）Sharp!
デザイン賞：大阪府立大学高専　（傾斜耐力）橋下郷

日刊建設工業新聞社賞
秋田高専　（静的耐力）LE PONT DU BEC

環境デザインコンペティション
テーマ「郷土再生と環境保全の両立」
審査員：大橋昌良ほか2人

最優秀賞（国土交通大臣賞）
明石高専　あっ地　こっ地　しっ地　ばっ地　わーく

優秀賞
明石高専　ため池にチナンバを作ろう
米子高専　季の彩――大地に広がる万華鏡

審査員特別賞
デザイン賞：豊田高専　みそにこみ
アイデア賞：豊田高専　うまれかわるまち

ものづくりコンペティション
テーマ「地域と人間の共生に向けて」
審査員：福田知弘ほか4人

最優秀賞（高松市長賞）
サレジオ高専　Town's Heart

優秀賞
米子高専　オーシャンパシフィックピース2008
米子高専　Reincarnation

審査員特別賞
アイデア賞：宮城高専　伝灯

第6回　2009年　豊田大会
（主管校：豊田高専）
メインテーマ「やさしさ」
空間デザインコンペティション
テーマ「景観と人にやさしい住まい」
審査員：竹原義二ほか2人
最優秀賞（愛知県知事賞）
米子高専　境界線からボリュームへ
　　　　　──郊外進行形の保存
優秀賞
明石高専　Edible Façade
小山高専　床のち庭　ときどき田んぼ。
審査員特別賞
豊田高専　築々家──築かれる風景
有明高専　帰路
構造デザインコンペティション
テーマ「3点支持ブリッジコンテスト」
審査員：長井正嗣ほか2人
最優秀賞（文部科学大臣賞）
米子高専　極
優秀賞
新居浜高専　デルタブリッジ
豊田高専　No, モーメント　Yes, 軸力！
審査員特別賞
石川高専　YUKI*TREE
呉高専　三3（きゅーびっく・すりー）
日刊建設工業新聞社賞
福島高専　Rock Bridge
環境デザインコンペティション
テーマ「環境にやさしい水質浄化コンテスト」
審査員：大東憲二ほか2人
最優秀賞（国土交通大臣賞）
八戸高専　おんでやんせ八戸
優秀賞
和歌山高専　意外と濾すんで酢（イガイトコスンデス）
米子高専　バグフィルターZERO
審査員特別賞
明石高専　はなさか装置
明石高専　卵について本気出して考えてみた
　　　　　──活性炭に下克上！
ものづくりコンペティション
テーマ「国産材でつくる遊具」
審査員：稲本正ほか2人
最優秀賞（豊田市長賞）
豊田高専　ツナグハコ
優秀賞
サレジオ高専　地球危機一髪
豊田高専　エコツリー
審査員特別賞
石川高専　SCHOOL OF FISH
都城高専　ランダとフウガ

第7回　2010年　八戸大会
（主管校：八戸高専）
メインテーマ「もったいない」
空間デザインコンペティション
テーマ「未来の世界のエコ型リビング」
審査員：野沢正光ほか2人
最優秀賞（青森県知事賞）
明石高専　おっきいゆか
優秀賞
小山高専　MACHINAKA LIVING
明石高専　ちくたく
審査員特別賞
小山高専　繋がりの丘
呉高専　MINI LIFE
構造デザインコンペティション
テーマ「どこでもブリッジ」
審査員：山田聖史ほか2人
最優秀賞（国土交通大臣賞）
新居浜高専　BB（Beautiful Bridge）
優秀賞
米子高専　SAP5
和歌山高専　技
審査員特別賞
徳山高専　らち☆すた
金沢高専　D・ブリッジ
日刊建設工業新聞社賞
石川高専　てら・つながら
環境デザインコンペティション
テーマ「エコKnowledgeを未来へ」
審査員：石原秀輝ほか2人
最優秀賞（文部科学大臣賞）
米子高専　ANAGRAMオモイデノコウカン

優秀賞
鹿児島高専　焼酎蒸留粕を用いた多機能エコポット
呉高専　段暖──瀬戸の知恵
審査員特別賞
八戸高専　BEST SENSE──だぐめぐ
徳山高専　生活排水で発電
　　　　　──明かりをつけちゃろう！
ものづくりコンペティション
テーマ「日用品のuniversal design」
審査員：渡邊政嘉ほか2人
最優秀賞（八戸市長賞）
豊田高専　よりどころ
優秀賞
サレジオ高専　flamo
サレジオ高専　PUNK
審査員特別賞
阿南高専　ぽたっち
明石高専　colorful wall
　　　　　──何でも、誰でも、どこにでも

第8回　2011年　北海道大会
（主管校：釧路高専）
メインテーマ「ひらく」
空間デザインコンペティション
テーマ「地域にひらかれたサテライトキャンパス」
審査員：斉藤浩二ほか2人
優秀賞
明石高専　LAVARATORY──local foothold
豊田高専　壁を開いてみると
　　　　　──地域と高専の交わりの場
呉高専　島・こらぼ──過疎の島と高専生
審査員特別賞
米子高専　ひかりキャンパス──世界にひらく
秋田高専　バスで行こう
構造デザインコンペティション
テーマ「片持ち構造物の強度コンテスト」
審査員：長井正嗣ほか2人
最優秀賞（国土交通大臣賞）
米子高専　北の和
優秀賞
米子高専　月下美人
新居浜高専　Foxtail
審査員特別賞
都城高専　霧島──Kirishima
徳山高専　麒麟
日刊建設工業新聞社賞
松江高専　非力な長い腕
環境デザインコンペティション
テーマ「地場産材を用いたセルフビルドハウス」
審査員：五十嵐淳ほか2人
最優秀賞（文部科学大臣賞）
明石高専　デ木ボ木
優秀賞
舞鶴高専　竹志
徳山高専　灯籠の家
審査員特別賞
米子高専　しめり風ノ訪問者
呉高専　練／
　　　　　──瀬戸内にたてるセルフビルドハウス
ものづくりコンペティション
テーマ「紙で作る楽器」
審査員：西川辰美ほか2人
最優秀賞（釧路市長賞）
サレジオ高専　OPEN TREE
優秀賞
呉高専　Tongue Box
明石高専　KAIKAする楽器
審査員特別賞
釧路高専　アイヌの楽器
明石高専　一年の中で

第9回　2012年　小山大会
（主管校：小山高専）
メインテーマ「デザインが起つ」
空間デザインコンペティション
テーマ「EARTHECTURE 天と地の間に」
審査員：栗生明ほか2人
最優秀賞（栃木県知事賞）
小山高専　もっと近く、もっと遠く
優秀賞
米子高専　うつろいの砂
仙台高専（名取）　都市の栖
審査員特別賞
明石高専　100年の防波堤

呉高専　Der Wirbel 渦
構造デザインコンペティション
テーマ「デザイン・コストに配慮した橋──単純支持橋の軽量化コンテスト」
審査員：山田聖ほか2人
最優秀賞（国土交通大臣賞）
米子高専　ABS 47号
優秀賞
小山高専　Reinforce After
松江高専　アッキー
都城高専　さよならさんかく またきてしかく
審査員特別賞
新居浜高専　SECTOR
米子高専　撫子☆KTN
日刊建設工業新聞社賞
都城高専　大の字
環境デザインコンペティション
テーマ「身近なエネルギーで心豊かな生活環境を」
審査員：高橋健彦ほか2人
最優秀賞（文部科学大臣賞）
釧路高専　ふっと＊ほっとらいと
優秀賞
徳山高専　豪雪地帯の家
石川高専　うみほたる
審査員特別賞
阿南高専　波力・風力発電でスマート漁業
呉高専　街角どこでもパラソル
ものづくりコンペティション
テーマ「元気にさせる地域特産おもちゃ」
審査員：福田哲夫ほか2人
最優秀賞（小山市長賞）
サレジオ高専　江戸線香
優秀賞
豊田高専　願いまして、四目並べ。
釧路高専　サバクラアニマル
審査員特別賞
明石高専　NASCER
木更津高専　落花生割りコロ

第10回　2013年　米子大会
（主管校：米子高専）
メインテーマ「かえる」
空間デザイン部門
テーマ「未来の町屋商店街」
審査員：貝島桃代ほか2人
最優秀賞（日本建築家協会会長賞）
石川高専　Over the Canal　路地と水路のある風景──せせらぎ通り商店街
優秀賞
米子高専　蔵端コミュニティー
仙台高専（名取）　花火と生きるまち大曲
審査員特別賞
米子高専　Rentable=120%
熊本高専（八代）　引出町家
構造デザイン部門
テーマ「4点支持構造物の耐荷力コンテスト」
審査員：丸山久一ほか3人
最優秀賞（国土交通大臣賞）
米子高専　火神岳の希
優秀賞
米子高専　阿弥陀川＆水澄
小山高専　Reinforce Tristar
審査員特別賞
舞鶴高専　橘たちぬ──耐えねば
石川高専　りったいパズル
日刊建設工業新聞社賞
仙台高専（名取）　上遠野流・手裏剣
　　　　　──よみ「がえる」
環境デザイン部門
テーマ「もっと豊かな湯のまち」
審査員：山崎亮
最優秀賞（文部科学大臣賞）
釧路・米子・サレジオ高専　日本一友だちの多い街　皆生！へ
優秀賞
阿南・米子・大阪府立大学高専　ボードウォーク
仙台（名取）・明石・有明高専　松葉ガニが結ぶ地域のつながり
審査員特別賞
阿南・石川高専　Try!! Athlon!! 3つの競技で地域こうけん
釧路・阿南高専　高齢促進街
阿南・サレジオ・明石高専　皆生とトモに
創造デザイン部門
テーマ「エンジニアリング・デザインを学ぶための子どもワークショップを考える」

審査員：ムラタチアキほか2人
最優秀賞（全国高専連合会会長賞）
明石高専　まちカードばとる!!
優秀賞
釧路高専　Made in earth!（アースバック秘密基地）
米子高専　僕の私の秘密基地をつくっちゃおう！
　　　　　（自分たちだけの秘密基地を作ろう!!）
審査員特別賞
呉高専　アーチボックス
サレジオ高専　かさでアート
舞鶴高専　目で見えるようで見えない木（目だけでは見えない木の魅力）

第11回　2014年　やつしろ大会
（主管校：熊本高専〈八代〉）
メインテーマ「よりそう」
空間デザイン部門
テーマ「地域でつくる、人とつくる」
審査員：伊東豊雄ほか2人
最優秀賞（日本建築家協会会長賞）
熊本高専（八代）　○range ○ch
優秀賞
石川高専　94日間　1%のはたらき
米子高専　ベタ漕ぎ坂──島根と鳥取をつなぐ架け橋を自転車で走破する
審査員特別賞
舞鶴高専　唯一の景色
明石高専　消えゆく十四の集落と育ちゆく十四の思ひ出
構造デザイン部門
テーマ「エネルギータワーコンテスト」
審査員：齊藤大樹ほか3人
最優秀賞（国土交通大臣賞）
米子高専　綴摺
優秀賞
徳山高専　百折不塔
秋田高専　thread
審査員特別賞
八戸高専　馬淵川ノ竹蜻蛉
石川高専　いいがんなっタワー
日刊建設工業新聞社賞
米子高専　U-TOWER
環境デザイン部門
テーマ「水と生きる、水が生きる」
審査員：木村尚ほか2人
最優秀賞（文部科学大臣賞）
サレジオ高専　カワアカシ
優秀賞
熊本高専（八代）　水辺の暮らし
熊本高専（八代）　はねやすめ
　　　　　　　　──親水を促す「川の駅」
審査員特別賞
豊田高専　雪の住処──多雪都市における雪箱によるエネルギー活用
石川高専　潟と人を繋ぐ──内灘役場前『観賞用池』を「ちいさな河北潟」に

第12回　2015年　和歌山大会
（主管校：和歌山高専）
＋AMデザイン部門夏大会
（主管校：八戸高専、仙台高専
　担当：東北地区国立高専）
メインテーマ「ささえる」
空間デザイン部門
テーマ「地域強靭化のための道の駅デザイン」
審査員：高砂正弘ほか2人
最優秀賞（日本建築家協会会長賞）
熊本高専（八代）　かしこみ　かしこみ　水神様
優秀賞
有明高専　つなぐおもてなし──都会の道の駅
釧路高専　道の駅・汽車の駅・川の駅　とうろ
審査員特別賞
舞鶴高専　Bicycle Station
　　　　　──自転車がつなぐ地域の未来
米子高専　ダイコン発　なかうみらいん
石川高専　Portal──塔がつなぐ八の端印
構造デザイン部門
テーマ「メタルブリッジコンテスト」
審査員：岩崎英治ほか3人
最優秀賞（国土交通大臣賞）
米子高専　叶和夢
優秀賞
徳山高専　織月
徳山高専　美環
日刊建設工業新聞社賞

新居浜高専　銅夢橋
審査員特別賞
舞鶴高専　バケモノの弧
小山高専　Reinforce FRAME
都城高専　MIYAMA
創造デザイン部門
テーマ「生活環境を災害から守る」
審査員：細川恭史ほか2人
最優秀賞（文部科学大臣賞）
明石高専　酒蔵を守り、酒蔵に守られる
優秀賞
米子高専　人は城！　人は石垣！　人は堀!!
仙台高専（名取）　祭りで地域強靭化、参加で住民協人化
審査員特別賞
明石高専　今日から君も「おはしも」ファイターだ!!
和歌山高専　Challenge by rain water
　　　　　──人を守る雨水
AMデザイン部門（秋大会）
テーマ「フライングプレーンⅡ」
審査員：岸浪建史ほか2人
最優秀賞
沼津高専　Swallow Hornet
優秀賞
一関高専　TSUBAME
呉高専　ARATA号
審査員特別賞
旭川高専　鳳
和歌山高専　S-3KT
AMデザイン部門（夏大会）
テーマ「IT関連グッズ」
審査員：田中浩也ほか5人
最優秀賞
東京都立産業技術高専（品川）　パチットシステム
優秀賞
木更津高専　電脳トマト
特別賞
八戸高専　高血圧予防スマートグリップ
鶴岡高専　晴山水
岐阜高専　スマホケース〈奏〉
奨励賞
函館高専　by 3Digitizing(mimi)
八戸高専　Helen(Help English Manual Alphabet)
秋田高専　SMART HEAT
鶴岡高専　Jig Sounds
北九州高専　BattleBot（バトルボット）

第13回　2016年　高知大会
（主管校：高知高専）
メインテーマ「『はちきん』と『いごっそう』」
空間デザイン部門
テーマ「あたりまえをReスタート」
審査員：長坂常ほか2人
最優秀賞（日本建築家協会会長賞）
有明高専　さるきどころ
優秀賞
米子高専　隠岐ノ島、里帰り難民ヲ救エ
　　　　　──シェア実家はじめました
明石高専　揺蕩う生死境
審査員特別賞
熊本高専（八代）　ノコスカナラズ──地震により気づかされた大切なもの
大阪府立大学高専　らせん──「未来型バイク」を用いた自立支援型ショッピングモール
構造デザイン部門
テーマ「丈夫で美しいブリッジ」
審査員：齊藤大樹ほか2人
最優秀賞（国土交通大臣賞）
呉高専　最善線──さいぜんせん
優秀賞
徳山高専　結美弦──ゆみづる
呉高専　捲土廻来
日刊建設工業新聞社賞
徳山高専　透ヶ織──すきがおり
審査員特別賞
八戸高専　東奥の琥珀
鹿児島高専　桜島 Bridge
創造デザイン部門
テーマ「ふるさと創生×企画力」
審査員：松崎了三ほか3人
最優秀賞（文部科学大臣賞）
石川高専　旅先になる、あなたの「ふるさと」
優秀賞
仙台高専（名取）　届ける、灯す、紡ぐ
　　　　　　　　──白石環紙っぷ「かたくら」号

サレジオ高専　東京やさいくる
総合資格賞
豊田高専　Waterization City
　　　　　──Water×Mortorization
審査員特別賞
仙台高専（名取）　防潮堤──海と陸をつなぐ
大阪府立大学高専　流域調整池の有効利用　ふるさと創生企画──地方に商業は根付くのか
AMデザイン部門
テーマ「安心・安全アイテム開発」
審査員：田中浩也ほか2人
最優秀賞（経済産業大臣賞）
石川高専　Myブックエンドサービス
優秀賞
東京都立産業技術高専（品川）　傘Clip
函館高専　BoonBon──あるようでなかった新しいしゃぼん玉です
審査員特別賞
旭川高専　スプロケット間隔零
北九州高専　光太郎
　　　　　──ウインカー×ナビ＝安全×便利
プレデザコン部門
テーマ「気になる「もの」」
審査：来場者投票
最優秀賞（科学技術振興機構〈JST〉理事長賞）
明石高専　異人館カフェ（空間デザイン・フィールド）
優秀賞（科学技術振興機構〈JST〉理事長賞）
豊田高専　The Earth on the Moon（構造デザイン・フィールド）
サレジオ高専　鉛筆が向かい合っているDESIGNマーク（創造デザイン・フィールド）
（AMデザイン・フィールドは、応募なし）
一般投票優秀賞
該当なし

第14回　2017年　岐阜大会
（主管校：岐阜高専）
メインテーマ「デザインが天下を制する」
空間デザイン部門
テーマ「物語（ナラティブ）を内在する空間」
審査員：宇野享ほか2人
最優秀賞（日本建築家協会会長賞）
仙台高専（名取）　杜ヲ　温ネテ　森ヲ　想フ
優秀賞
明石高専　古い土地の新しい夜明け
明石高専　時とともに…
　　　　　──7つのトキと地域の子育て空間
審査員特別賞
有明高専　じじばばは上をゆく
石川高専　あぶれだす児童館
構造デザイン部門
テーマ「そこのけそこのけ、王者が通る」
審査員：岩崎英治ほか2人
最優秀賞（国土交通大臣賞）
徳山高専　紡希
優秀賞
小山高専　Reinforce B
優秀賞（日本建築家連合会会長賞）
福島高専　剛橋無双
審査員特別賞
米子高専　礎
呉高専　再善線
日刊建設工業新聞社賞
松江高専　真田軍扇
創造デザイン部門
テーマ「地産地"興"」
審査員：箕浦秀樹ほか2人
最優秀賞（文部科学大臣賞）
秋田高専　竿燈見に来てたんせ
優秀賞
仙台高専（名取）　うらとのさち・あらたなかち
仙台高専（名取）　イノシシと共存、丸森で共存
審査員特別賞
岐阜高専　地域住民が運営するコミュニティカフェ──本巣市北部地域を対象として
石川高専　雨のち、金沢　のちのち金沢
総合資格賞
舞鶴高専　健轆のムコウ
AMデザイン部門
テーマ「安心・安全アイテム開発」
審査員：新野俊樹ほか2人
最優秀賞（経済産業大臣賞）
函館高専　Fantasistar
優秀賞
弓削商船高専　安心はかり「確認くん」

石川高専　Bright
審査員特別賞
苫小牧高専　柄ノ器
　──雪かきから変える北海道の冬
木更津高専　アクティブマスク
プレデザコン部門
テーマ「気になる『もの』」
審査：来場者投票

最優秀賞(科学技術振興機構〈JST〉理事長賞)
石川高専　虫避AP──アミドレス
　（AMデザイン・フィールド）
優秀賞(科学技術振興機構〈JST〉理事長賞)
長野高専　風（空間デザイン・フィールド）
サレジオ高専　TOMAMORI AMAMIKUN──可動式防潮堤（構造デザイン・フィールド）
岐阜高専　忘れまペン──WASUREMA-PEN
　（AMデザイン・フィールド）

一般投票優秀賞
石川高専　虫避AP──アミドレス
　（AMデザイン・フィールド）
特別賞[*1]
モンゴル国合同高専（構造デザイン部門）

＊1：海外から初の参加を顕彰し授与

3次元ディジタル設計造形コンテスト[*2]

＊2：デザコン2015のAMデザイン部門（秋大会）、デザコン2016以降のAMデザイン部門の前身

第1回　2008年　沼津大会
（主管校：沼津高専）
テーマ「マグネットダーツ発射装置」
審査員：岸浪建史ほか5人
優勝　釧路高専
準優勝　鹿児島高専
3次元設計能力検定協会賞　長岡高専
特別賞　八代高専
　　　　　長野高専

第2回　2009年　沼津大会
（主管校：沼津高専）
テーマ「マグネットダーツ発射装置」
審査員：岸浪建史ほか7人
優勝　鹿児島高専
準優勝　岐阜高専
3次元設計能力検定協会賞　釧路高専
アイデア賞　函館高専
特別賞　茨城高専
審査員特別賞　明石高専
　　　　　　　　　長野高専
　　　　　　　　　沼津高専

第3回　2010年　長野大会
（主管校：長野高専）
テーマ「ビーズ・ポンプ」
審査員：岸浪建史ほか10人
優勝　鹿児島高専
準優勝　長岡高専
第3位　釧路高専
第4位　沼津高専

第5位　長野高専
アイデア賞　明石高専
　　　　　　　苫小牧高専
特別賞　一関高専

第4回　2011年　北海道大会
（主管校：釧路高専）[*3]
テーマ「ビーズ・ポンプ」
審査員：岸浪建史ほか10人
優勝　釧路高専　ぽぽぽポーン・ブ
準優勝　鹿児島高専　隼人ドルフィン
第3位　茨城高専　二刀流Linear Motion Pump
審査員特別賞　群馬高専　赤城嵐
　　　　　　　　　徳山高専　はこびにん
アイデア賞　一関高専　愛しのジェリー

＊3：デザコン2011 in 北海道と同一日開催

第5回　2012年　明石大会
（主管校：明石高専）
テーマ「ポテンシャル・エネルギー・ビークル」
審査員：岸浪建史ほか7人
総合優勝　呉高専
総合2位　徳山高専
総合3位　茨城高専
最優秀設計技術賞　阿南高専
最優秀製作技術賞　呉高専
最優秀ポスター賞　阿南高専
最優秀作品賞　呉高専
CADコン大賞　徳山高専

第6回　2013年　米子大会
（主管校：米子高専）[*4]
テーマ「ポテンシャル・エネルギー・ビークル」
審査員：岸浪建史ほか2人
CADコン大賞（国立高専機構理事長賞）
茨城高専　Push out Machine
優秀賞　鹿児島高専　チェストイケ
　　　　　呉高専　F.O.D.
審査員特別賞
北九州高専　次世代ビークル：MONOWHEEL
熊本高専（八代）　アース・ウィンド・アンド・ファイアー

＊4：デザコン2013 in 米子と同一日開催

第7回　2014年　やつしろ大会
（主管校：熊本高専〈八代〉）[*5]
テーマ「フライングプレーン」
審査員：岸浪建史ほか2人
CADコン大賞（国立高専機構理事長賞）
苫小牧高専　Jagd Schwalbe
優秀賞　阿南高専　ANAなん
　　　　　鹿児島高専　ひっとべっしー
審査員特別賞　明石高専　たこバトル
　　　　　　　　　旭川高専　ChikaPlain

＊5：デザコン2014 in やつしろと同一日開催

3Dプリンタ・アイディアコンテスト[*6]

＊6：デザコン2015のAMデザイン部門（夏大会）、デザコン2016以降のAMデザイン部門の前身

第1回　2014年　仙台大会
（主管校：八戸高専、仙台高専
担当：東北地区国立高専）
テーマ「IT関連グッズ」
審査員：千葉晶彦ほか5人
最優秀賞　北九州高専　スマートステッキ
優秀賞　石川高専　スタンド型全方位スピーカー
特別賞　木更津高専　バーチャルリアリティ脳観察ディスプレイ
　　　　　仙台高専（広瀬）　Swallowtail Butterfly stand
奨励賞　呉高専　アクセサリー型イヤフォン
　　　　　米子高専　アドフェイン・スタンド
　　　　　岐阜高専　iヤPhoneケース
　　　　　秋田高専　マジックフィンガー

デザコンとは？ | 「教育の場」「成果を社会に示す場」

デザコン（正式名称：全国高等専門学校デザインコンペティション）は、前身である全国高専建築シンポジウムの目的であった「学生相互の研鑽と理解」をベースに、2004年の第1回石川大会からは「人が生きる生活環境を構成するための総合的技術の習得」が目的に加わり、2013年からは建築や建設系の学科の学生に限らず、電気系、情報系、機械系の学科の学生も参加できる大会として「専門力（＝専門的な知識や技術）とエンジニアリング・デザイン力を育む」ことを目的とする場へと発展してきた。これは、情報や関係性がグローバルに広がる現代社会において、生活にまつわるさまざまな課題の解決のため高専の学生が持つ専門力をいかに生かすか、を考えるためだ。つまり、学生が「社会ニーズに専門力で応える」という課題に取り組む体験を通じて、高専の掲げる「『実践的』で『創造性豊かな』技術者」を育成する「教育の場」を提供すると同時に、社会に対して高専教育の成果を示す場として開催されている。

従来、日本では「デザイン（design）」を「設計」「意匠計画」といった狭義にとらえる傾向にあったが、近年は「エンジニアリング・デザイン（engineering design）」[*1]という言葉がよく使われるようになり、「デザイン」という言葉のもつ幅広い意味が社会的に認知されるようになった。

デザコン第1回の2004年石川大会では、ワークショップ部門と設計競技部門に分かれ、ワークショップ部門では「まちづくりへのチャレンジ」と題した地域交流シンポジウムと、「座ってまちをみつける場所」と題したものづくりワークショップが行なわれた。イベントの内容は設計の領域のみに留まることなく、地域コミュニティを扱った企画や実物大のベンチの制作など、多岐にわたっていた。エンジニアリング・デザインという概念が、大会プログラムの「デザコンの意義」の中に明文化されるのは2013年米子大会を待つことになるが、2004年時点で、すでに「創造性教育」「答えのない課題」など、先進的なプログラムに取り組む大会であったのだ。

改めてデザコンの歴史を整理すると、下記の年表のように、誕生は1977年、明石高専と米子高専の学生による設計製図の課題の相互発表会に遡る。この相互発表会に、呉高専、石川高専が参加し、1993年に「四高専建築シンポジウム」と改称した。以降、運営は学生主体となり、4高専の学生たちが共通のテーマの下に意見交換したり、各校の設計課題を中心に学生生活全般について発表する場となった。四高専建築シンポジウムは、学生の「創造性教育」「相互理解」「交流」の場として重要な意味を持つことが全国の高専の間で理解され、1999年に「全国高専建築シンポジウム」と改称し、全高専の建築系の学科の学生が参加できる大会となった。そして、伊東豊雄、小嶋一浩、内藤廣、村上徹、隈研吾など、招聘した著名な建築家から学生が直接指導を受けられる公開設計競技スタイルの大会へと発展した。その後、建設系の学科の学生も参加できる大会として、2004年の第1回全国高等専門学校デザインコンペティション（通称：デザコン）石川大会につながった。

一方、2008年から「高専における設計教育高度化のための産学連携ワークショップ」として「全国高等専門学校3次元ディジタル設

デザコンの変遷

		CADコン	アイディアコン
1977年	設計製図の課題の相互発表会をスタート（参加：明石高専と米子高専の建築系の学科の学生）		
1989年	第13回から呉高専が参加		
1993年	第17回から石川高専が参加「四高専建築シンポジウム」と改称（運営：学生主体／参加：明石高専、米子高専、呉高専、石川高専の建築系の学科の学生）		
1999年	「全国高専建築シンポジウム」と改称（主催：各高専／参加：全高専の建築系の学科の学生）		
2004年	「全国高等専門学校デザインコンペティション（通称：デザコン）」に改称（主催：一般社団法人全国高等専門学校連合会[*2]／参加：全高専の建築系と建設系の学科の学生）		
2008年		「全国高等専門学校3次元ディジタル設計造形コンテスト」（通称：CADコン）がスタート（主催：独立行政法人国立高等専門学校機構[*3]／参加：全高専の機械系の学科の学生が中心）	
2011年	デザコンとCADコンを同日同会場（釧路）で開催（主催は別々）		
2012年	デザコン（小山）とCADコン（明石）を同日に開催（主催は別々）		
2013年	デザコンとCADコンを同日同会場で開催（主催は別々）		
2014年			「3Dプリンタ・アイディアコンテスト」（通称：アイディアコン）がスタート（主催：独立行政法人国立高等専門学校機構[*3]／参加：全高専の電気系の学科の学生が中心／主管校[*4]：八戸高専と仙台高専を核に東北地区の国立高専）
2015年	CADコンとアイディアコンをデザコンのAM部門として、夏大会（アイディアコン、仙台）と秋大会（CADコン、和歌山）に分けて開催（主催：一般社団法人全国高等専門学校連合会、独立行政法人国立高等専門学校機構／参加：全高専の建築系、建設系、機械系、電気系、情報系の学科の学生）		
2016年	デザコンのAMデザイン部門として、CADコンとアイディアコンが1部門に統合		

計造形コンテスト」(通称：CADコン)がスタートした。これは、当時まだ創生期であった3Dプリンタを造形装置として活用して造形物を製作し、造形物を使った競技を通して3D CADによる学生の設計力の向上を目的とした大会である。造形素材の弾性を利用するなど、CADによる設計に加えて構造解析や流体解析などを学生に求める課題であった。2011年北海道大会以降、2013年米子大会、2014年やつしろ大会と、主催は別にするもののデザコンと同一日同会場で開催された。

　また、2014年からは、同様に3Dプリンタを使う「3Dプリンタ・アイディアコンテスト」(通称：アイディアコン)が始まった。CADコンの競技に対して、こちらは学生のアイディアや提案を主体とする特色を持った大会であった。この2つの大会は3Dプリンタを使うという共通の特徴を持つことから、関係者の間で協議・検討を重ねた結果、2015年のデザコン和歌山大会では、デザコンのAM (Additive Manufacturing)部門として、夏大会（アイディアコン）と秋大会（CADコン）に分けて開催。2016年デザコン高知大会では、AMデザイン部門として完全に1部門に統合された。これを機に、さらに新たな境地を広げ、内容の充実したデザコンとして進化していくはずだ。
（玉井 孝幸　米子高専）

デザコンの開催地（主管校〈キャンパス〉）*4
2004年　第 1回　石川大会（石川高専）
2005年　第 2回　明石大会（明石高専）
2006年　第 3回　都城大会（都城高専）
2007年　第 4回　周南大会（徳山高専）
2008年　第 5回　高松大会（高松高専＝現・香川高専〈高松〉）
2009年　第 6回　豊田大会（豊田高専）
2010年　第 7回　八戸大会（八戸高専）
2011年　第 8回　北海道大会（釧路高専）
2012年　第 9回　小山大会（小山高専）
2013年　第10回　米子大会（米子高専）
2014年　第11回　やつしろ大会（熊本高専〈八代〉）
2015年　第12回　和歌山大会（和歌山高専）
2016年　第13回　高知大会（高知高専）
2017年　第14回　岐阜大会（岐阜高専）
2018年　第15回　北海道大会（釧路高専）

註　*1　エンジニアリング・デザイン：総合的な専門知識を活用してものをつくる力、プロジェクトを推進していく力。そうしたデザイン能力、設計能力のこと。
　　*2　一般社団法人全国高等専門学校連合会：国立、公立、私立の高専の連合組織。全国の高専の体育大会やさまざまな文化系クラブ活動の発展を助け、心身ともに健全な学生の育成に寄与することが主な目的。
　　*3　独立行政法人国立高等専門学校機構：全国の国立高専51校55キャンパス（2018年3月末現在）を設置、運営している。目的は、職業に必要な実践的かつ専門的な知識と技術をもつ創造的な人材を育成するとともに、日本の高等教育の水準の向上と均衡ある発展を図ること。
　　*4　主管校：大会運営の主体となる高専。
＊文中の人名は、敬称略

大会後記 ｜「デザコン2018 in 北海道」を終えて

　平成最後となる第15回全国高等専門学校デザインコンペティション（以下、デザコン）は、釧路高専が主管校*1となり、北海道地区の3高専（函館、苫小牧、旭川）を協力校としたオール北海道の体制で、釧路市観光国際交流センターにおいて開催された。まずは、本大会を企画・運営した教職員、学生、審査員はじめ、全国各地からの参加学生、引率教員、後援や協賛への協力者など、多くの関係者に深く感謝の意を表したい。

　さて、2016年春の道内校長会議において釧路開催が正式に決まり、12月に高知で開催された大会の視察を経てデザコン2018の日程と会場を決定した。近年は定期試験終了後の12月開催が主流となりつつあるが、釧路の気象を考慮して、開催日は前回、釧路で開催されたデザコン2011 in 北海道と1日違いの11月10日～11日とし、会場は、メイン会場を2011年と同じ釧路市観光国際交流センター、サブ会場を釧路市交流プラザさいわいとして、2年前に予約していた。そして、2017年3月の実行委員会において、2会場での開催を提案したところ、「会場が狭くとも高専学生の一体感があるほうが良い」との鶴の一声があり、5部門すべてを釧路市観光国際交流センターで開催することになった次第である。

　一方、運営組織については新たな提案をした。2016年の高知大会からCADコンテストと3Dプリンタ・アイディアコンテストがデザコンに併合され、空間デザイン部門（以下「空間」）、構造デザイン部門（以下「構造」）、創造デザイン部門（以下「創造」）、AMデザイン部門（以下「AM」）、プレデザコン部門（以下「プレ」）の5部門となっている。過去14回のうち、他県で開催した大会名にはすべて高専の所在地名を冠していたが、今年は、釧路高専が「空間」「プレ」、苫小牧高専が「構造」、函館高専が「創造」、旭川高専が「AM」を担当し、部門長やスタッフを提供することで道内4高専がタッグを組み、大会名をデザコン in 北海道とした。北海道の広大さはご知のことと思うが、協力した高専間の距離にしても、最も離れた釧路ー函館間は鉄道で約540kmもあり、本州に置き換えると東京ー明石間に匹敵する。

　2018年大会本番、初日に11月としては異例の濃霧が発生。航空機の欠航で参加者の一部に迷惑をかけたが、参加者には釧路の夏のイメージを共有してもらえたのではないかと思う。大会2日めは前日に打って変わって朝から快晴で、本来の釧路らしさを取り戻し、参加者に好印象を残せたと思う。

　大会は「学生ファースト」をイメージして運営した。例年開催の特別講演を見送り、参加者の作品の修正や発表準備の時間に余裕を持たせた。一方、1会場となったため「構造」の作品展示や準備の空間は当初計画より手狭となり、「創造」の作品展示空間は狭隘となった。教職員の運営スタッフは約80人、学生スタッフは建築系学科と機械系学科を合わせて180人、本選参加学生と引率教員500人と合わせて700人超という盛況を呈した。昼食時などの混雑が心配されたが、参加者が上手に対応してくれたおかげでクレームはなかった。

　大会のフィナーレを飾る表彰式・閉会式は「構造」の審査員講評からわずか30分後の15:00開始で、表彰状の筆耕が繁忙を極めたが、ほぼ定刻に始められた。閉会式ではすべての表彰が行なわれるが、入念な準備とリハーサルによって大きなトラブルもなく時間の超過もごくわずかで、関係者一同安堵した。受賞者に贈った熊の木彫り型盾が好評で、後日、注文についての照会が数件あったことはうれしい限りである。会場、運営、スタッフ、諸経費など、毎回反省点や改善点があり完璧な大会はないが、それぞれ記憶に残っていることは多々ある。次回、新元号の下で開催される2019年大会が、東京オリンピック開幕の前年に東京都立産業技術高専（品川）を主管校として開催されるのも何かの縁と感じる。デザコンがさらなる飛躍を遂げることを祈念したい。
（三森 敏司　デザコン2018 in 北海道開催地実施統括委員長）

註
*1　主管校：上記、註4参照

デザコン2018 in 北海道

協力協賛企業・関連団体

協賛・広告

協力
豊橋技術科学大学建築・都市システム学系、長岡技術科学大学環境社会基盤工学課程・専攻

特別協賛
株式会社建築資料研究社(日建学院)、株式会社総合資格(総合資格学院)、株式会社ニッコー、株式会社日立建設設計

一般協賛
株式会社砂子組、阿寒共立土建株式会社、株式会社新井組、岩田地崎建設株式会社、ウェルネット株式会社、エーアンドエー株式会社、HRS株式会社、株式会社大林組、鹿島建設株式会社北海道支店、キヤノンマーケティングジャパン株式会社、株式会社釧路製作所、株式会社熊谷組、株式会社構研エンジニアリング、白崎建設株式会社、大成建設株式会社、株式会社長大、株式会社電制、株式会社ドーコン、株式会社ナカノフドー建設、日本国土開発株式会社、北電総合設計株式会社、北武コンサルタント株式会社、一般社団法人北海道開発技術センター、一般財団法人北海道電気保安協会、北海道道路エンジニアリング株式会社、一般社団法人北海道道路管理技術センター、前田建設工業株式会社、三菱地所レジデンス株式会社、三ツ輪運輸株式会社、株式会社三ツ輪商会、メディア総研株式会社

広告協賛
株式会社日刊建設工業新聞社、オリエンタル白石株式会社北海道営業所、鹿島クレス株式会社、太平洋設備株式会社、株式会社楢崎製作所、一般財団法人日本道路建設業協会、北海電気工事株式会社、ヤマシタ工業株式会社

後援
文部科学省、国土交通省、経済産業省、国立研究開発法人科学技術振興機構、北海道、北海道教育委員会、釧路市、釧路市教育委員会、一般社団法人日本建築学会、公益社団法人土木学会、公益社団法人日本コンクリート工学会、一般社団法人日本機械学会、公益社団法人日本都市計画学会、公益社団法人日本建築家協会、一般社団法人日本建設業連合会、一般社団法人日本建築士事務所協会連合会、公益社団法人日本建築士会連合会、公益社団法人日本技術士会、一般社団法人日本橋梁建設協会、一般社団法人日本道路建設業協会、一般社団法人建設コンサルタンツ協会、一般社団法人プレストレスト・コンクリート建設業協会、株式会社北海道新聞社釧路支社、株式会社釧路新聞社、NHK釧路放送局、株式会社エフエムくしろ

特別協力
釧路工業高等専門学校同窓会

運営組織

主　催　一般社団法人全国高等専門学校連合会
主管校　釧路工業高等専門学校
協力校　函館工業高等専門学校、苫小牧工業高等専門学校、旭川工業高等専門学校

第15回全国高等専門学校デザインコンペティション実行委員会
小林 幸夫(委員長、釧路高専校長)

○**全国高等専門学校デザインコンペティション専門部会**
濱中 俊一(部会長、高知高専校長)、玉井 孝幸(幹事、米子高専)
空間デザイン部門：道地 慶子(石川高専)、森山 学(熊本高専〈八代〉)
構造デザイン部門：玉田 和也(舞鶴高専)、光井 周平(呉高専)
創造デザイン部門：玉井 孝幸(米子高専)、木村 竜士(高知高専)
ＡＭデザイン部門：堀口 勝三(長野高専)
プレデザコン部門：玉井 孝幸(米子高専)
オフィシャルブック担当：玉井 孝幸(米子高専)
開催校委員：
前年度開催校委員＝和田 清(岐阜高専)
今年度開催校委員＝三森 敏司(釧路高専)
次年度開催校委員＝高野 光男(東京都立産業技術高専〈品川〉)

○**全国高等専門学校デザインコンペティション2018 in 北海道開催地委員会**
委員長：小林 幸夫(釧路高専校長)
副委員長：伹野 茂(函館高専校長)、黒川 一哉(苫小牧高専校長)、清水 啓一郎(旭川高専校長)
実施統括委員長：三森 敏司(釧路高専)
実施統括副委員長：粂原 浩平(釧路高専)
顧問：岸 徳光(前・釧路高専校長)
空間デザイン部門：千葉 忠弘(部門長)、西澤 岳夫(副部門長)、松林 道雄、吉田 周平(以上、釧路高専)
構造デザイン部門：下タ村 光弘(部門長、苫小牧高専)、草刈 敏夫(副部門長)、加藤 雅也、鈴木 邦康、鈴木 竜一(以上、釧路高専)、浦島 三朗、近藤 崇、所 哲也、渡辺 暁央(以上、苫小牧高専)
創造デザイン部門：山﨑 俊夫(部門長、函館高専)、佐藤 彰治(副部門長)、大槻 香子、下重 等資(以上、釧路高専)、平沢 秀之、小玉 齋明(以上、函館高専)
AMデザイン部門：宇野 直嗣(部門長、旭川高専)、前田 貴章(副部門長)、関根 孝次、渡邊 聖司、赤堀 匡俊、樋上 磨(以上、釧路高専)
プレデザコン部門：髙橋 剛(部門長)、髙 義礼(副部門長)、グエン・タン・ソン、江口 陽人(以上、釧路高専)
事務局：濱谷 斉、田中 誠(以上、釧路高専)
式典：林 幸利、関 光洋(以上、釧路高専)

HITACHI
Inspire the Next

この曲線には意味がある

最適な軌道を求めて、描き出されたラインは、お客様に向けた多くのメッセージが込められています。意味を持つ軌道から構成される空間の先に私たち日立建設設計が見ているのは、その空間を利用される人々。

エフピコ総合研究所を設計したプロジェクトリーダー新古和孝は語ります。「食品容器メーカーであるエフピコ総合研究所設計にあたり、幾度もお客様との対話を重ねました。その中で、強く印象に残ったのは、食品容器のフォルムには、お客様の真摯で情熱的な思いが込められているということです。生産効率のためだけでなく、安全性や使いやすさにも考慮した設計によって柔らかな曲線が容器に施されています。私は、思いのこもった容器のフォルムからインスパイアされた曲線を象徴的にデザインに取り入れてみました。」

Shape the Space, Design the Next.

私たちは、豊富な経験とデザインの力、そして日立の先進テクノロジーを掛け合わせ、空間に、ビジネスに、そして社会に、まだ見ぬ「余白」にカタチを与え、「次の世界」をあなたと共に創造します。

株式会社 日立建設設計
東京都千代田区内神田3-11-7 〒101-0047
http://www.hae.co.jp/
拠点:北海道/宮城/茨城/栃木/神奈川/愛知/大阪/広島/山口/福岡/上海

がんばる
みんなを
応援する。
みんながんばった
みんなを
記録する。

**デザコン2017
岐阜**
official book

全国高等専門学校連合会　編

エンジニアの卵たちが、課題解決への途をデザインする。新設「プレデザコン」を含む全5部門の競技を完全収録。

定価：本体1600円＋税

**せんだいデザインリーグ2018
卒業設計日本一決定戦**
official book

仙台建築都市学生会議＋
せんだいメディアテーク　編

建築系学生にとって最大のイベントを、ライブ感そのままに再現。出展全作品とオリジナル講評も収録。

定価：本体1,800円＋税

**トウキョウ建築コレクション
2018**
official book

トウキョウ建築コレクション
2018実行委員会　編

建築系修士学生のイベント6日間の全記録。未来の建築への萌芽を読み取ることができる、高密度な一冊。

定価：本体2000円＋税

発行：建築資料研究社（出版部）http://www2.ksknet.co.jp/book/　〒171-0014東京都豊島区池袋2-10-7-6F　Tel:03-3986-3239　Fax:03-3987-3256

建 築 士 資 格 取 得 な ら 、伝 統 と 実 績 の 日 建 学 院 へ

開講講座	1級建築士／2級建築士／建築設備士／1級建築施工管理技士／2級建築施工管理技士／1級土木施工管理技士／2級土木施工管理技士／宅建／土地家屋調査士、等　　建築・土木・不動産分野を中心に多数開講
合格実績	1級建築士 113,712人 2級建築士 173,239人　[1級建築士の半分以上が日建学院出身者！　日建学院合格者占有率（全国合格者総数197,391人）**57.6%** ※1987〜2017年度累計

学生向け［建築士アカデミック講座］開講　全国160校で約1800名の学生が受講中

お問合せ・資料請求はこちらへ
受付／AM10:00〜PM5:00（土・日・祝日は除きます）

日建学院コールセンター　 **0120-243-229**

日建学院

デザコン2018 北海道　第15回全国高等専門学校デザインコンペティション
official book

Collaborator:
全国高等専門学校デザインコンペティション2018 in 北海道開催地委員会
小林 幸夫（委員長）、三森 敏司（実施統括委員長）、栗原 浩平（実施統括副委員長）、岸 徳光（顧問、前・釧路高専校長）

空間デザイン部門：千葉 忠弘（部門長）、西澤 岳夫（副部門長）、松林 道雄、吉田 周平、中尾 由美子（以上、釧路高専）
構造デザイン部門：下タ村 光弘（部門長、苫小牧高専）、草苅 敏夫（副部門長）、加藤 雅也、鈴木 邦康、大槻 典行、高坂 宜宏、
　　　　　　　　　鈴木 竜一（以上、釧路高専）、浦島 三朗、近藤 崇、所 哲也、渡辺 暁央（以上、苫小牧高専）
創造デザイン部門：山﨑 俊夫（部門長、函館高専）、佐藤 彰治（副部門長）、大槻 香子、下重 等資（以上、釧路高専）、平沢 秀之、
　　　　　　　　　小玉 齋明（以上、函館高専）
AMデザイン部門：宇野 直樹（部門長、旭川高専）、前田 貴章（副部門長）、関根 孝次、渡邊 聖司、赤堀 匡俊、樋上 磨（以上、釧路高専）
プレデザコン部門：高橋 剛（部門長）、高 義礼（副部門長）、グエン・タン・ソン、江口 陽人（以上、釧路高専）
事務局：濱谷 斉、田中 誠、井上 渉、渡邊 秀章（以上、釧路高専）

協力学生
釧路工業高等専門学校：専攻科建設・生産システム専攻1・2年生、建築学科4・5年生、建築学分野2-3年生、機械工学科4・5年生、
機械工学分野2年生／苫小牧工業高等専門学校：専攻科環境システム工学専攻1年生

全国高等専門学校デザインコンペティション専門部会
濱中 俊一（部会長、高知高専校長）、玉井 孝幸（幹事、米子高専）

一般社団法人全国高等専門学校連合会
会長：但野 茂（函館高専校長）

Editorial Director: 鶴田 真秀子（あとりえP）
Co-Director: 藤田 知史
Art Director: 狩野 夫二代（来夢来人）
Designer: 坂本 弥穂（来夢来人）
Management of Photographers: 大和田 礼（ノヴェロ）
Photographers: 信太 崇宏（東北海道スポーツコミッション）／北村 康春（ノーザンフォト）／大澤 将基（SAWAMUNI）／
緒方 裕司（釧路大好き）／川口 卓美、飯森 和雅、平田 大輔、石川 俊（Garden）／久保 敏（ノヴェロ）
Editorial Associates: 髙橋 美樹、戸井 しゅん
Ainu Motifs Supervisor: 大和田 礼

Producer: 種橋 恒夫（建築資料研究社／日建学院）
Publisher: 馬場 圭一（建築資料研究社／日建学院）

Special thanks to the persons concerned.

デザコン2018 北海道　official book
第15回全国高等専門学校デザインコンペティション

一般社団法人全国高等専門学校連合会 編

2019年5月10日　初版第1刷発行

発行所：株式会社建築資料研究社
〒171-0014　東京都豊島区池袋2-10-7 ビルディングK 6F
Tel.03-3986-3239　Fax.03-3987-3256
http://www.ksknet.co.jp

印刷・製本：シナノ印刷株式会社

©一般社団法人全国高等専門学校連合会
2019 Printed in Japan

＊本書の無断複写・複製・転載を禁じます
ISBN978-4-86358-628-4